UMA VIVÊNCIA INTERDISCIPLINAR NA EDUCAÇÃO DOS SENTIDOS:
química, sabor e olhar –
uma parceria necessária

Dados Internacionais de Catalogação na Publicação (CIP)
(Câmara Brasileira do Livro, SP, Brasil)

Conceição, Maria Helena Esteves da
  Uma vivência interdisciplinar na educação dos sentidos : química, sabor e olhar : uma parceria necessária / Maria Helena Esteves da Conceição, Dirce Encarnacion Tavares, Ana Maria Ruiz Tomazoni. -- 1. ed. -- São Paulo : Ícone, 2011. -- (Coleção conhecimento e vida / coordenação : Diamantino Fernandes Trindade)

  Bibliografia
  ISBN 978-85-274-1165-3

  1. Interdisciplinaridade na educação I. Tavares, Dirce Encarnacion. II. Tomazoni, Ana Maria Ruiz. III. Trindade, Diamantino Fernandes. IV. Título. V. Série.

10-14101   CDD-370.1

Índices para catálogo sistemático:

1. Interdisciplinaridade : Filosofia da educação
     370.1

Maria Helena Esteves da Conceição
Dirce Encarnacion Tavares
Ana Maria Ruiz Tomazoni

UMA VIVÊNCIA INTERDISCIPLINAR NA EDUCAÇÃO DOS SENTIDOS:

química, sabor e olhar – uma parceria necessária

COLEÇÃO CONHECIMENTO E VIDA

Coordenação
Diamantino Fernandes Trindade

1ª EDIÇÃO
BRASIL – 2011

Ícone editora

© Copyright 2011
Maria Helena Esteves da Conceição
Dirce Encarnacion Tavares
Ana Maria Ruiz Tomazoni
Direitos cedidos à Ícone Editora Ltda.

Coleção Conhecimento e Vida

Coordenação editorial
Diamantino Fernandes Trindade

Revisão
Marsely De Marco Dantas
Saulo C. Rêgo Barros

Arte de capa
Raquel Esteves, da *Plim Comunicações*
Ieda Rivelino Pinhão

Miolo e adaptação de capa
Richard Veiga

Proibida a reprodução total ou parcial desta obra, de qualquer forma ou meio eletrônico, mecânico, inclusive por meio de processos xerográficos, sem permissão expressa do editor (Lei nº 9.610/98).

Todos os direitos reservados à
ÍCONE EDITORA LTDA.
Rua Anhanguera, 56 – Barra Funda
CEP 01135-000 – São Paulo – SP
Tel./Fax.: (11) 3392-7771
www.iconeeditora.com.br
iconevendas@iconeeditora.com.br

ÍNDICE

PREFÁCIO, 7

APRESENTAÇÃO, 11
Maria Helena Esteves da Conceição, 12
Ana Maria Ruiz Tomazoni, 13
Dirce Encarnacion Tavares, 14

INTRODUÇÃO, 21

CAPÍTULO 1, 23
DOS SENTIDOS DA QUÍMICA À QUÍMICA DOS SENTIDOS, 23
   1.1. Dos sentidos da química: do mito à constituição da química como ciência – uma questão de *significação*, 26
   1.2. Os sentidos da química e alguns dos conteúdos escolares, 37
   1.3. A química dos sentidos, 40
   1.4. Para além da disciplina, 64
   Referências bibliográficas, 68

CAPÍTULO 2, 71
O MISTÉRIO DA SIMPLICIDADE DO SABER & SABOR, 71
   2.1. Aspectos da história dos alimentos envolvendo a civilização, 72

2.2. O idoso: um multiplicador do processo, 75
2.3. O sentido da simplicidade do saber, 80
2.4. Uma vivência interdisciplinar na educação dos sentidos, 83
2. 5. Gastronomia: teoria e prática, 89
2.6. Sabor e gosto, 92
Referências bibliográficas, 100

CAPÍTULO 3, 103
A EDUCAÇÃO DOS SENTIDOS NÃO TEM IDADE, 103
Referências bibliográficas, 116

CAPÍTULO 4, 119
ANÁLISE E DISCUSSÕES FINAIS, 119
4.1. Degustação de chocolate e gelatina, 120
4.2. Observações e conclusões após as degustações, 122

CAPÍTULO 5, 127
CONSIDERAÇÕES FINAIS, 127

ANEXOS, 133
Anexo 1, 133
Anexo 2, 136
Anexo 3, 140
Convite para assistir, ao vivo, aos resultados das vivências interdisciplinares, 140

AS AUTORAS, 133

PREFÁCIO

DIRCE, ANA MARIA E MARIA HELENA

Entre tantos caminhos ensaiados ante uma obra coletiva, nascida de teses acompanhadas por mim desde suas gestações, minha surpresa ao verificar a audácia que tiveram em despojar-se de seus conhecimentos próprios criando um texto inédito que já invadiu o Brasil e o mundo – ainda ouço os aplausos advindos da apresentação no México, em importante Congresso da AMCE – Asociación Mundial de Ciências de la Educación – organizado pela UNESCO em 2010.

Meu desejo neste momento é retomar alguns temas subjacentes a este texto numa tentativa seguinte: mais que prefaciar, colocar-me **PARCEIRA,** pois esta foi a intenção subliminar desta obra assim construída, por mim lida e relida.

Decido então continuar a conversa iniciada com elas há tantos anos, colocando aos leitores que doravante incorporam-se a nós todos, uma questão ainda em construção: **qual o papel da parceria nos dias atuais?**

Em 1991, ao trabalhar em minha tese de livre-docência inicio os estudos nessa direção anunciando direções que apenas agora sou estimulada a retomar. O presente trabalho, tecido a seis mãos que se entrecruzam, induz-me a refletir sobre a **estética da parceria**.

A primeira ousa explorar o sentido comum aos que militam o campo artístico dizendo da necessidade de melhor explorar os principais marcos da construção ocidental contemporânea do conceito de **ESTÉTICA**. Sem deter-me nos referenciais aristotélicos e platônicos de beleza recupero Kant ao dizer da **estética** a partir da realidade concreta dos homens – assim sendo, os filósofos que a ele sucederam deslocam o foco da produção estética para o **sujeito** – o significado disso é uma preocupação maior com as relações entre os homens com suas subjetividades.

Instaura-se, assim, a partir do século XVIII, uma tarefa aos pensadores de sistematizar e aperfeiçoar seus sistemas, a fim de aperfeiçoar esse modelo. Sendo assim, poderíamos inferir que a beleza estaria atrelada ao conceito de liberdade – produto da construção do próprio homem, a partir das práticas sociais.

A ética subjacente a esse principio deixa de ser apriorística, com valores prescritos, mas precisa ser concebida, trabalhada e apropriada pelos homens. Ao processo de internacionalização desses valores denomino **PARCERIA**. Os princípios nela devem ser de tal forma concebidos como próprios da subjetividade construída.

Assim sendo, a **estética coletiva** nasce em função das preferências, gostos, desejos e necessidades individuais que em parceria são compartilhados com **ALEGRIA**. O acordo tácito entre os parceiros garantirá a **coesão** – que prescinde de uma lei **formal.**

COMO CONSTRUÍ-LA?

Nossa experiência enquanto leitora desta obra diz-me da necessidade em sairmos do enquadramento de origem acadêmico/científica que valoriza apenas os valores canonizados institucional e historicamente legitimados e a eles incorporarmos os sujeitos, em sua história de vida em sua peculiar forma de apropriação e apreensão da realidade, melhor dizendo: o conjunto de valores originados da prática cotidiana, nos caminhos recorridos da casa ao trabalho, as compras, pela cidade, as roupas, os adornos a escolha das canções de rádio, os programas de televisão, livros, revistas e acessos à rede virtual, enfim **VIDA**.

Nas entrelinhas de cada parágrafo, a parceria consolidou-se como forma de reverberar **o** intensivamente pesquisado na multiplicidade de aspectos ofertados. Minha eterna gratidão às três autoras e ao Diamantino que a elas subsidiou, pela oportunidade de refletir hoje sobre algo aprisionado em mim por tantos anos: **PARCERIA**.

Observei atentamente o trabalho de cada pesquisa, do resgate de si mesmo, na construção das singularidades, nos sentidos de cada tema, definindo marcas autênticas e muito peculiares.

Não se trata de individualidades fechadas, de identidades paradas, nem de uma cristalização, trata-se da definição de práticas em práticas, de construções que se acoplam no desempenho de ações particulares, porém, inovadoras.

Marcar a heterogeneidade contra a homogeneidade é decorrência óbvia de práticas interdisciplinares, em que a diferenciação e a diversificação são salutares e necessárias.

Na medida em que o mesmo é valorizado, as diferenças se legitimam.

Os paradigmas não são desprezados, são apenas retirados de sua posição de predominância, alternando-se para a reconstrução de novos indicativos teóricos – a serem testados em suas metamorfoses.

Ivani Fazenda[1]
Agosto de 2010

---

[1] Doutora em Antropologia pela USP – Universidade de São Paulo. Livre-docente em Didática pela UNESP – Universidade Estadual Paulista. Atualmente é professora titular da Pontifícia Universidade Católica de São Paulo e professora associada do CRIE (*Centre de Recherche et intervention educative*) da Universidade de Sherbrooke-Canadá. Membro fundador do Instituto Luso Brasileiro de Ciências da Educação da Universidade de Évora – Portugal. Em dezembro de 2007 foi convidada para ser membro do CIRETt/UNESCO – França. Coordenadora do GEPI – Grupo de Estudos e Pesquisas em Interdisciplinaridade, filiado ao CNPQ e outras instituições internacionais. Pesquisadora CNPQ – Nível IB. Tem experiência na área de Educação, com ênfase em Ensino-Aprendizagem, atuando principalmente nos seguintes temas: interdisciplinaridade, educação, pesquisa, currículo e formação.

Apresentação

Apresentar considerações a respeito de um trabalho fantástico mostrado e elaborado por 3 pesquisadoras sensíveis, minuciosas e criativas não é difícil, narrar com veracidade os sentimentos que foram aflorados com a apresentação, isso é complicado. Muita emoção no ar, muita delicadeza e comprometimento. Isso tudo as fazem mais do que pesquisadoras interdisciplinares, mas seres humanos verdadeiros buscando sua essência, um presente para que seus espectadores desabrochem também a necessidade de seguir, criar, realizar, sem medo para serem o que elas puderam ser naquela manhã. Conseguiram com facilidade abrir nossos sentidos, nossos olhares em todas as direções, provocaram nossas reações com sensibilização, com o sabor do chocolate, com a delicadeza das palavras que soavam aos nossos ouvidos, como singelezas.

Fiz questão de pedir a elas mesmas que pudessem reavaliar como espectadoras seus trabalhos. A força da narrativa em diferentes dimensões, a dimensão presentificada rodeada ainda de subjetivismo exacerbado e a análise feita deixadas de lado as emoções iniciais.

É a oportunidade de rever-se, diagnosticar claramente o que foi feito, de que maneira, como melhorar, crescer, desenvolver, mais do que isso, como se desenvolver pessoalmente com todo esse processo. O trabalho realizado não pode ser apenas para o outro, deve servir acima de tudo para identificar-se. Por isso, a necessidade do registro do que foi feito pelas próprias pessoas envolvidas. Elas conseguem, passada a emoção inicial, fazer essa leitura com o olhar de narradoras que se deslocam do seu tempo e caminham no tempo da espera para sua transformação.

Ter sido uma espectadora atenta aos movimentos e emocionada com o espetáculo apresentado permitiu-me deslocá-las de seu papel de pesquisadoras e convidá-las a rever-se dentro do espetáculo. Assim é a Interdisciplinaridade, ela permite ao pesquisador sair de si mesmo, rever suas ações, narrá-las e refletir, processo de dimensionalidades sobre o que foi vivido.

Com vocês Maria Helena, Dirce e Ana, as 3 narradoras observadoras de suas próprias histórias...

MARIA HELENA ESTEVES DA CONCEIÇÃO

Dos sentidos da química à química dos sentidos

"Escrever sobre o trabalho apresentado, depois de um período de distanciamento dele, torna-se prazeroso, pois escreve-se apenas o que ficou retido na memória e no coração. O que me dava segurança para prosseguir era o meu percurso de 28 anos numa sala de aula da rede pública estadual. Apresentei a

química não somente como uma disciplina, mas busquei interdisciplinarmente apresentar um caminho de como essa disciplina pode ser desenvolvida com os alunos do ensino médio fazendo-lhes sentido. É uma forma de apresentar ao aluno uma química viva, que, sendo compreendida, pode auxiliar na melhoria da qualidade de vida desse aluno. Apresentar uma das possibilidades de trabalho com essa disciplina – a Química, de forma que os alunos a entendam, uma disciplina que, ministrada sob a perspectiva interdisciplinar, permite ao aluno o aprendizado."

ANA MARIA RUIZ TOMAZONI

O mistério da simplicidade com saber e sabor

"Saber deveria ser um ato contínuo de aquisição e revisão de conhecimentos, em crescimento constante e o sabor no sentido da própria evolução do homem em descobrir, nos alimentos, a arte e o prazer em comê-los. Os animais comem para saciar-se. O homem come para saciar-se e para sentir prazer. A refeição é a ritualização da repartição dos alimentos. O educador pode auxiliar na reeducação alimentar, a fim de favorecer a longevidade com qualidade de vida. Cozinhar é uma ação cultural que nos liga ao que fomos, somos e seremos. O trabalho junto ao idoso permite integrá-lo na sociedade como um ser que pensa, reflete, sente e se faz respeitar, é um processo educacional, a construção do saber. O mistério da sim-

plicidade está na simplicidade do sabor e saber e este só se encontra na alma e na intersubjetividade do ser."

DIRCE ENCARNACION TAVARES

A educação dos sentidos não tem idade

"O que mais me empolgou no trabalho que elaboramos foram os momentos de reflexão. Perceber que educação é para a vida, é o se perceber sendo, desencadeando reações e transformações. Isso ocorre em qualquer período de nossa existência. O mundo hoje volta o olhar para o homem atual que envelhece e que se apropria dos conhecimentos com mais maturidade, proporcionando a percepção da realidade interna, num rompimento com o tempo e com o espaço. Por isso, a importância de se desenvolver um olhar interdisciplinar, pois não se aprende ou se ensina, sem educar o olhar. O ato de ver não é algo natural, precisa ser aprendido durante toda a vida e os olhos do olhar vão se abrindo para as múltiplas direções. O educar com olhar possibilita analisar melhor nossos pensamentos, nossas emoções, nossas percepções, ou seja, avaliar melhor nosso ser integral."

* * *

Uma manhã cinzenta em São Paulo não atrapalhou a luminosidade do encontro ocorrido no TUCA, as 3 pesquisadoras se uniram para fortalecer os laços de amizade e encantarem os espectadores com a sensibilidade e harmonia de uma integração interdisciplinar. Não tiveram medo de inovar, de transformar, de se transformar. Meu destaque como observadora daquela manhã permeada de emoções foi perceber que as professoras se entregaram à profundidade de seu ser, foram atrizes de suas experiências e acionaram a fonte do talento transcendental de grandes atores. Envolvida pela sensibilidade demonstrada por elas, permiti-me vivenciar e penetrar por inteiro no espetáculo, um convite para a abertura de todos os meus sentidos, uma viagem ao meu autoconhecimento. Elas se utilizaram de diferentes linguagens, cada uma buscou sua própria comunicação, o que me permitiu comprovar que a Arte, a Linguagem e a Interdisciplinaridade têm algo em comum. O teatro, a dança, a música, a linguagem desenvolvem a conscientização dos indivíduos, encorajam a comunicação, mesmo que não verbal, unificam corpo e mente e possibilitam um contato com o sentido espiritual de liberdade no aqui e agora. A Interdisciplinaridade acelera esse processo interno de desenvolvimento íntimo. Ela é arte, porque o ser que a exercita tem a possibilidade de desnudar-se numa relação entre movimento e emoção. Quando faltam palavras buscam-se localizações de imagens para expressar os sentimentos. Se dança, teatro, imagens, pinturas, linguagem são movimentos de encontros íntimos, a Interdisciplinaridade tem conseguido, com seus pesquisadores, esse movimento das descobertas também porque possibilita diferentes manifestações e consciência de si mesmo. A linguagem é o elo para que a comunicação seja instaurada, mas ela não pode ser simplesmente um sistema de comunicação, porque ela é muito mais do que isso, quando se reflete com o que se faz com a linguagem, atinge-se o objetivo maior dessa comunicação. Segundo Fazenda, a tendência de olhar a sala de aula por limitadas perspectivas acarreta falha profunda na análise e síntese do caso. A Interdisciplinaridade abre o campo de olhares, pois observa o fenômeno por diferentes perspectivas e com grande mobilidade de acordo com o estudo a ser feito. A autora acrescenta que esse poder de observação permite ao pesquisador percorrer novos e profundos caminhos teóricos para explicitar o real acontecimento. Ela classifica a atitude disciplinar como provisória e justifica pela complexidade dos fenômenos envolvidos. Nesse sentido, afirma que a atitude interdisciplinar é uma transgressão aos paradigmas já existentes. Os novos pressupostos etimológicos advindos da ação interdisciplinar permitem ao pesquisador rever o sentido do humano em suas inter-relações para a construção e reconstrução do conhecimento.

Aquela manhã abriu possibilidades de novos caminhares... antes de se apresentarem houve outro movimento, o da linguagem escrita. A narrativa escrita é uma tentativa de dar acesso a um percurso interior que evolui para um percurso exterior caracterizado por acontecimentos e encontros. Importante o distanciamento progressivo para poder pensar. Para que a pesquisa se concretize, o participante deve estar frente a frente consigo mesmo e com o grupo e colocar em prática um empenho responsável. É um processo de confrontação intersubjetiva.

A narrativa permite-nos entrar em dimensões do sensível, da afetividade e do imaginário tão esquecidos.

As pesquisadoras acionaram em sua apresentação os sentidos de *Escuta* e de *Desapego*, porque desafiaram o investigador a um exercício de Humildade, nem sempre possível, porém, desejável, se a intenção é, mediante os mesmos, caminharmos para uma Comunicação mais humana. A narrativa permite ao investigador sentir-se presentificado em cada gesto, em cada atitude, porque ao narrar entra-se em contato com um novo momento do tempo e das circunstâncias ocorridas.

As ações apresentadas pelas pesquisadoras foram de ordem interdisciplinar, pois fogem dos parâmetros já instituídos. Mas como princípios e procedimentos interdisciplinares podem ajudar em mudanças na prática docente? Como provocar a comunicação entre educador e educando? Até que ponto a convergência de diferentes linguagens poderá gerar sentidos novos de comunicação para a educação?

O sentido da Comunicação, partindo de diferentes linguajares, estaria na compreensão da interiorização de 4 princípios interdisciplinares: escuta, desafio, desapego e humildade, geradores de uma atitude que impulsionaria ações integradas. A parceria, segundo Fazenda, pode constituir-se em fundamento de uma proposta interdisciplinar. A parceria incita o diálogo com outras formas de conhecimento a que não se está acostumado. Segundo a autora, nessa tentativa há a possibilidade de interpenetração delas. A parceria como fundamento da interdisciplinaridade surge como condição de sobrevivência do conhecimento educacional. Fazenda complementa com a afirmação de que a parceria é a possibilidade de consolidação da intersubjetividade e consolida, alimenta, registra e enaltece as boas produções na área da educação. Segundo Fazenda, o sentido de um trabalho interdisciplinar estaria na compreensão e na efetivação de novas e melhores parcerias. Para ela, os educadores sempre são parceiros dos teóricos que lemos, de outros educadores que lutam por uma educação melhor, de nossos alunos na tentativa da construção de um conhecimento mais elaborado.

As 3 pesquisadoras apresentaram um trabalho de projeção interdisciplinar, caminho ainda, infelizmente, desenvolvido apenas por profissionais ousados que não têm medo de errar, porque até mesmo os desacertos são oportunidades de reflexão e aprendizado. Para encerrar meu depoimento deixarei para vocês um dos momentos emocionantes daquela manhã cinzenta em São Paulo.

Alguns espectadores foram convidados a participar de uma dinâmica: seriam árvores e idosos convidados seriam os jardineiros. O objetivo? Apenas o toque...

Aceitei a experiência, no fundo a canção *"Unchained Melody"* do filme *Ghost*. Entreguei-me ao momento, também queria ser cuidada, regada, acariciada e minha jardineira, uma senhora delicada, recheada de boas energias, soube me presentear com o que tinha de melhor: sua sensibilidade. Minha emoção aflorou-se e ser abraçada por ela, lágrimas brotaram de meus olhos e percebi que aquela canção falava do toque, da importância de perceber que o tempo passa lentamente e que pode fazer tanto. Os rios e mares são solitários, mas fluem para os braços abertos do mar.

Assim somos nós pesquisadores da interdisciplinaridade, caminhamos juntos, de braços abertos aos encontros proporcionados. Emocionada, agradeço!

Ana Maria Ramos Sanchez Varella[2]

---

[2] Doutora em Educação, Pós-Doutorado em Interdisciplinaridade – GEPI/PUC-SP.

Introdução

Este é um trabalho de pesquisa, com ênfase em elementos conceituais da interdisciplinaridade, que buscou apresentar, mediante educação e vivências, como práticas gastronômicas diferenciadas podem atingir os sentidos: paladar, visão, olfato, audição e tato, mediante a degustação e a percepção dos indivíduos. Foi desenvolvido pelas pesquisadoras do Grupo de Pesquisas e Estudos Interdisciplinares – GEPI, da PUC-SP: Ana Maria Ruiz Tomazoni, Dirce Encarnacion Tavares e Maria Helena Esteves da Conceição.

Os principais objetivos foram o de possibilitar o entendimento da interdisciplinaridade por meio de pesquisas e vivências; refletir sobre o sentido da química e a química dos sentidos, investigando a viabilidade de um ensino de química com sentido aos adolescentes da rede pública paulista (Capítulo 1). No Capítulo 2, a preocupação foi uma tentativa de desvelar o mistério da simplicidade do saber e do sabor e entender o prazer pelo gosto mediante todos os sentidos. Já, o Capitulo 3, buscou compreender a educação dos sentidos em várias idades, com um olhar mais aprimorado para o potencial do idoso na educação dos sentidos.

O grupo de pessoas escolhidas para essas vivências gastronômicas foi bem eclético, tendo alunos e alunas de sete a oitenta anos, de escolas pública e particular, de ensino fundamental, médio, e das Faculdades Abertas para a Terceira Idade, na cidade de São Paulo e da Grande São Paulo.

Os alimentos escolhidos para degustação nas vivências foram pensados, sugeridos e testados pelas pesquisadoras, com cuidado para atender a um público diferenciado, não só pela idade, como também pela classe social. As receitas se encontram em anexo (Anexo 2), como uma possibilidade de interação interdisciplinar.

No Anexo 1, se encontra a programação da vivência interdisciplinar, apresentada para uma plateia no teatro da PUC-SP, "Tucarena", no dia 30/09/2009, com o intuito de mostrar na prática, seu funcionamento. Está, também, à disposição a apresentação digital do evento.

O objetivo das vivências foi aguçar os sentidos humanos (paladar, visão, olfato, audição e tato), mediante a percepção dos alimentos ingeridos e considerando as características organolépticas dos alimentos e as sensações percebidas nas diferentes idades e classe social.

Essas vivências foram desenvolvidas em grupo, a partir das práticas interdisciplinares de seus atores, que de forma dialética e dinâmica buscam as possibilidades de reverberação da educação dos sentidos em todas as idades.

CAPÍTULO 1

DOS SENTIDOS DA QUÍMICA À QUÍMICA DOS SENTIDOS

Maria Helena Esteves da Conceição

> *Tudo começou com um sim.*
> *Uma molécula disse sim*
> *para outra molécula*
> *e nasceu a vida.*
> (Clarice Lispector, *A Hora da Estrela*)

Este capítulo pretende abordar a química, desde sua origem até a contemporaneidade, buscando-lhe os sentidos e exemplificando seu uso no estudo de alguns tópicos da química, bem como no estudo de alguns dos sentidos humanos: a visão (olhar) e o paladar (degustar).

Primeiramente, vamos buscar a química em sua gênese e, para isso, percorreremos o caminho do conhecimento, desde o seu convívio com o mito até tornar-se científico, para então percebermos a construção do conhecimento químico, enquanto ciência na modernidade.

Modernidade que terá alguns aspectos estudados, quando na busca dos sentidos da química enquanto ciência e enquanto disciplina. O tempo passa, elementos adentram e saem de uma sociedade, paradigmas são substituídos tão logo surjam outros com melhores explicações e a química permanece no decorrer dos tempos, vive e sobrevive no decorrer dos séculos – buscaremos, então, os sentidos de sua permanência.

Permanência que faz da química uma disciplina constante das matrizes curriculares da escola básica brasileira. Porém, na nossa prática profissional, quando adentramos a sala de aula, e nos apresentamos como professora de química, percebemos no olhar dos nossos alunos, independentemente da idade, o medo dessa disciplina, um medo culturalmente construído. A pesquisa visa à constituição de sentido no ensino dessa disciplina, o que denominamos a química *com* sentidos, para desconstruir o medo posto. E ousaremos exemplificar e apresentar a química *com* sentidos pelo estudo de alguns dos sentidos humanos – a visão e o paladar; sendo esta uma das diversas possibilidades de conteúdos a serem estudados.

São diversos os sentidos atribuídos ao termo *sentido*, e pensamos utilizar apenas dois dos sentidos do *sentido*, propostos por Pineau (2000): *"a significação e a sensação"*. Porém, no decorrer do nosso pensamento neste capítulo, percebemo-nos imprimindo-lhe uma direção, o que implicitamente apresenta a terceira categoria de sentido citada pelo mesmo autor – *"o sentido de direção"*. Assim, percebemos a imbricação dos sentidos tal qual nos revela Pineau:

> *(...) entrecruzando os três sentidos do sentido. O primeiro que vem aos nossos espíritos condicionados de intelectuais é aquele principalmente cognitivo de significação. O segundo é aquele de sensação quando ainda permanecemos sensíveis aos nossos sentidos, tradicionalmente reduzidos aos cinco mais visíveis e localizados: a visão, a audição, o olfato, o paladar e o tato. Por fim, o terceiro é aquele da direção dos movimentos: ele parece tão elementar às nossas mentes sutis que hesitamos em incluí-los como componentes essenciais do sentido do sentido.*

Os sentidos que então desfilarão a seguir são: os sentidos da química, em concordância com a *significação* de Pineau; a química *com* sentidos, indicando além da *significação* uma *direção* no ensino dessa disciplina e a utilização dos conhecimentos químicos no estudo do olhar e do degustar, o sentido como *sensação*, que se apresenta na química dos sentidos.

Finalizaremos o capítulo com um estudo para além da disciplina química; ousaremos um olhar interdisciplinar sobre essa disciplina.

1.1. DOS SENTIDOS DA QUÍMICA: DO MITO À CONSTITUIÇÃO DA QUÍMICA COMO CIÊNCIA – UMA QUESTÃO DE *SIGNIFICAÇÃO*

A ciência como conhecimento sistemático é recente no mundo. O conhecimento surgiu quando se questionaram os mitos. As perguntas cujas respostas levariam ao conhecimento foram se transformando conforme a necessidade dos saberes. Então, o conhecimento científico é mesmo relativamente novo. Detalhadamente, o percurso do conhecimento dá-se a partir das necessidades das sociedades que se constituíram através dos tempos.

... e o homem conseguiu produzir e controlar o fogo. Biehl (2008) auxilia-nos na tarefa de comentar acerca do espaço de tempo em que ocorreu o controle do fogo por nossos ancestrais:

> *Nossos ancestrais levaram milhares e milhares de anos para conseguir o domínio do fogo. Não foi tarefa fácil. O ato "ridiculamente simples" de acender um fósforo representa a luta e o esforço de milhares de indivíduos ao longo de milhares de anos. Não é possível precisar as circunstâncias exatas em que se deu esse grande passo da humanidade. É mais plausível*

supor que o domínio do fogo tenha sido conquistado e perdido várias vezes ao longo das gerações e em lugares e circunstâncias diferentes.

Século XII a.C. e os mitos têm por função explicar os acontecimentos. Buscam responder à pergunta: *De onde vem o mundo?* E tentando uma explicação, os mitos exercem também outra função: impedir o acesso ao conhecimento. A sociedade daquela época tinha uma organização de vida muito simples e a explicação sintética dos mitos era suficiente.

No séc. VIII a.C., a sociedade, por estar agora mais complexa, busca explicações acerca do funcionamento do mundo. O questionamento não é mais sobre sua origem e sim sobre o seu funcionamento. A questão posta agora é: *Como funciona o mundo?*

Conforme Cortella (2006, p. 66):

Já no período arcaico, em função da necessidade de aprimoramento das forças produtivas e da alteração nas relações sociais, não basta saber apenas de onde vem o mundo. Os mitos continuam existindo, sem dúvida, mas a esse tipo de explicação deve agregar-se outra mais apurada e que responda com mais eficácia aos novos problemas: como é que o mundo funciona, como é a realidade (...).

Em busca de respostas, o mito convive com a filosofia. Tales de Mileto é considerado o "pai da Filosofia".

Biehl (2008, p. 33) continua com essa discussão em suas pesquisas, informando-nos:

> *A ciência da natureza é diferente do mito e da religião. A ciência baseia-se em observações sistemáticas, é um estudo racional e usa métodos adequados de prova. Como é natural, os primeiros passos em direção à ciência não revelaram ainda todas as características que ela apresenta, mas apenas algumas delas. O primeiro, e tímido, passo em direção da ciência só foi dado no início do século VI a.C., na cidade grega de Mileto, por aquele que é apontado como o primeiro filósofo, Tales de Mileto.*

Tales de Mileto faz suas observações e diz que o princípio de todas as coisas está na água. Ainda não tem conclusões científicas, mas já passa ao mundo real a possibilidade de explicação dos fenômenos.

É importante citarmos Trindade (2007), quando o autor ressalta que o mito tem seu espaço na história da construção do conhecimento científico:

> *O mito não é contrário à Ciência, nem pertence ao passado da humanidade, mas faz parte do fazer ciência e da vida humana porque somos seres que buscamos constantemente o sentido e construímos um horizonte do sentido fundamentado em esperanças e em intuições ainda não comprovadas, apenas explicadas e justificadas por mitos que adotamos e aos quais estamos ligados.*

E os filósofos especulavam sobre matemática, física, medicina e astronomia. O movimento dos planetas foi equacionado por Platão (427-347 a.C.). Segundo Biehl (2008, p. 40):

> *(...) Platão deixou então aos seus discípulos a tarefa de resolver este problema: encontrar uma combinação de círculos que reproduzisse o movimento apenas **aparentemente** irregular dos planetas. Esse problema ficou conhecido como o **problema de Platão** e predominou no pensamento científico durante toda a Antiguidade Clássica e Idade Média. Esse exemplo ilustra de forma clara o modo de pensar dos gregos e a sua forma de construir o saber científico.*

Sócrates, Platão, Aristóteles!

E complementa Biehl (2008, p. 49), sobre o pensamento de Aristóteles, *"que este (...) percorre todos os caminhos do saber: da biologia à metafísica, da psicologia à retórica, da lógica à política, da ética à poesia. Impossível resumir a fecundidade do seu pensamento em todas as áreas (...)".*

Num enfoque mais atual, nas palavras de Chiappetta (2000), temos que *"ciência deve ser entendida como produção humana coletiva, elaborada historicamente num processo que envolve avanços e relacionamentos à custa de debates, controvérsias e rupturas".*

Mas, não pretendemos reinventar a roda, então faremos uso da dissertação de Bispo (2003, p. 35), ainda mais atual, que retrata aspectos relevantes do conhecimento científico.

Bispo parte da origem da palavra ciência, como conhecimento ou sabedoria, como nos referimos anteriormente à filosofia, quando da origem do conhecimento científico. A produção desse conhecimento é tema estudado por diversos pensadores, como nos indica o mesmo autor.

> *A reformulação de uma nova imagem do universo exigia o repensar de toda a produção de conhecimento, suas características, suas determinações, seus caminhos. Essas considerações metodológicas fizeram parte das preocupações de diversos pensadores do período: Galileu, Bacon, Descartes, Hobbes, Locke e Newton.* (Idem, p. 40)

E "*uma episteme* não caminha sem a outra", nos indica Fazenda (2006, p. 5), pois o conhecimento se mostra num processo de construção. E está constituída a Ciência.

Enfim, a química – como se constituiu enquanto ciência? E como entrou no cenário das disciplinas?

Percorreremos algumas produções intelectuais em busca de respostas aos questionamentos postos – visitaremos os estudos de Biehl (2003), de Chrispino (2006) e de Bispo (2003). *"A ciência que estuda a transformação da matéria, a energia consumida ou produzida nessa trans-*

formação, bem como a estrutura da matéria (...)". Assim Álvaro Chrispino (2006) nos apresenta uma definição de química.

Em Biehl (2003), encontramos diversas passagens que também nos remetem à origem da química nos elementos que a constituem como ciência:

> *Idade do Bronze: Há aproximadamente 4000 a.C. o aquecimento de alguns minerais de cor verde já levava à obtenção de cobre.*
> - *Surgem por volta de 2000 a.C. outras técnicas de fundição e metalurgia e a população assim deixava os campos rumo à formação de cidades. Aparecem os tijolos e a cerâmica e surgem as edificações. As técnicas pertenciam aos sacerdotes; eles tinham o conhecimento científico da época: os tecelões, os ferreiros, os químicos de poções.*
> - *"(...) a ciência da química e da metalurgia era considerada divina, e conhecida apenas pelos sacerdotes e pelos iniciados nos cultos secretos".*

Há historiadores da ciência que creditam aos egípcios o uso da palavra química, derivada de Khemeia, que teria se originado de Kham, sendo esta a forma que os egípcios utilizavam para denominar seu país.

Mas a origem da palavra química ainda é controversa, como nos mostra Biehl, (2003):

> *(...) há uma palavra grega para fundição de metais, que pode ter sido a origem do termo química. No entanto, alguns dicionários antigos da língua portuguesa preferem dar a origem do nome química a outro termo grego,* khumia, *oriundo de* khumus, suco. *Provavelmente essa interpretação é bem mais recente, e relacionada com o papel dos químicos como médicos durante a Idade Média.*

Havia também o alquimista, que fazia ciência na Idade Média, que via na natureza algo misterioso. Houve tentativas de transformações de metais comuns em metais preciosos. Alguns historiadores defendem que a alquimia também tenha contribuído para com a ciência, principalmente para com a química. Esta última parece surgir no século XVII a partir dos estudos de alquimia populares entre muitos dos cientistas da época.

Atualmente, a química é utilizada como aquela que traz vantagens, como, por exemplo, fabrica plásticos que tornam a vida mais prática a partir da possibilidade de seu uso em embalagens e outros tantos usos, e desvantagens como o uso indiscriminado desses plásticos e o consequente aumento do número de enchentes, devido à impermeabilização do solo, quando propomos uma projeção gigantesca desse fenômeno.

Bispo também retrata essa ambiguidade no uso do termo "química":

> *Apesar de sua importância, frequentemente ouvimos a expressão: "este é um produto natural,*

não contém química", como se os produtos chamados de naturais, tal como as frutas, os legumes, o leite, a carne, a água, etc., não fossem formados por substâncias químicas. Afirmações como esta, atribuem à palavra "química" uma conotação pejorativa. Outras vezes ouvimos: "para combater esta infecção, se faz necessário um tratamento químico, com um antibiótico específico", neste caso é atribuído à palavra "químico" um significado de relevância para a melhoria da qualidade de vida. Estas expressões nos levam a concluir que a química apesar de ser uma ciência que se preocupa com o estudo das substâncias, a sociedade não a reconhece no seu dia a dia.

Para um diálogo acerca da ciência química, quando da necessidade de responder à pergunta "O que vem a ser química?" Bispo (2003, p. 51) recorre às considerações de Vanin (1994), do Aurélio (1999) e, a partir delas, sintetiza uma resposta ao questionamento proposto, nos termos seguintes, constantes em sua dissertação de mestrado: *"De maneira, sintética podemos dizer que: química é a ciência que estuda a estrutura da matéria, suas propriedades, e suas reações de transformações, as quais ocorrem com emissão e absorção de energia".*

Podemos entender que a origem da "química" é discutível, embora ela tenha adquirido *status* de ciência de acordo com publicações como: *Traité Elémentaire de Chemie*, por Antoine Laurent de Lavoisier (1743-1794). Devido a essa publicação Lavoisier foi considerado o fundador da Química.

Constituída a química enquanto ciência serão analisados, a seguir, alguns aspectos de sua existência enquanto disciplina:

De acordo com Pineau (2000),

> *A divisão disciplinar moderna. No século XIX, para colocar ordem nas desordens trazidas pelas revoluções sociais e intelectuais, que, entre outras coisas, tiram a teologia e depois a filosofia de seu trono, outra divisão do nó górdio é proposta por Augusto Comte e é, em seguida, amplamente adotada pelo mundo ocidental: a divisão positivista e disciplinar da hierarquização das ciências, na qual a rainha passa a ser a matemática. Essa classificação hierárquica das ciências está fundada no seguinte critério: a dependência das ciências entre si conforme o grau de simplicidade e de generalidade dos fenômenos estudados. Quanto mais os fenômenos são simples e gerais, menos dependem dos outros e, portanto, mais autônoma é a ciência que deles se ocupa. Não obstante, simples não quer dizer fácil, mas homogêneo, da mesma natureza. A matemática é simples porque os elementos de sua linguagem são monossêmicos. Conforme esse critério, Comte distingue seis ciências fundamentais, no topo das quais reinam as matemáticas. Em seguida, vem a astronomia, a física, a química, a biologia e, por fim, a física social, a última a nascer entre as ciências fundamentais.*

É essa química disciplinar que ao longo de quase três décadas leciono e que tem sido reproduzida nas escolas públicas. Modelos atômicos[3], funções orgânicas e inorgânicas[4], cálculos estequiométricos[5], propriedades coligativas[6], e outros conteúdos têm sido desenvolvidos em sala de aula sem que haja um significado ao aluno; são conceitos a serem memorizados apenas, conceitos modernamente transmitidos como verdades absolutas e

---

[3] Modelos Atômicos são estudados no início do curso como verdadeiras descobertas de ilustres cientistas de inteligência magna. Não se percebe o processo de construção do conhecimento, tampouco sua historicidade, que apresenta a evolução seguinte: Leucipo e Demócrito (pensamento filosófico), Dalton (1808), Thomson (1897), Rutherford (1911) e Bohr (1913) – estes com métodos experimentais, e Sommerfeld (1916) com postulado.

[4] Funções orgânicas e inorgânicas são grupos de compostos que apresentam características químicas e/ou físicas comuns.

[5] Cálculos estequiométricos: A palavra estequiometria deriva do grego "STOICHEON", que significa "a medida dos elementos químicos", ou seja, as quantidades envolvidas de cada substância em uma reação química. Para compreender melhor, vamos fazer uma analogia. Completando o exemplo abaixo, você perceberá a necessidade de todos os componentes estarem em quantidades corretas para que o produto seja formado:
10 lentes + _____ armações → _____ óculos
Observe que é impossível obter mais que cinco óculos, pois faltarão lentes. (Fonte: http://www.cdcc.sc.usp.br/quimica/experimentos/estequi.html.)

[6] Propriedades Coligativas: são as propriedades das soluções que dependem do número de partículas dispersas e independem da natureza das partículas do soluto. (Fonte: http://www.infoescola.com/quimica/propriedades-coligativas.)

saberes fragmentados, conforme Harvey (2000) nos diz sobre a modernidade: *"(...) como é caracterizada por um interminável processo de rupturas e fragmentações internas inerentes".* Assim, fragmentados e desconectados os conteúdos foram estudados com nossos alunos.

Nossa prática nos permite afirmar que o medo que os alunos têm dessa disciplina deve-se ao distanciamento que os conteúdos estudados têm de suas vidas, ou seja, estuda-se uma química sem sentido. Dá-se aula, dá-se como um presente. Mas é um "presente" sem utilidade e, paradoxalmente, um presente perigoso, pois quem o recebe pode perceber-se apto pelo menos aos vestibulares das universidades menos concorridas, nem para tal fim esse presente é útil. O ensino da química desconsidera as substâncias com as quais o aluno vive e convive, desconsidera as substâncias das quais o aluno se alimenta, e com as quais se higieniza. Enfim, a química ensinada nas escolas hoje desconsidera a relação aluno-substância química. E o sentido da química como significação, na proposta de Pineau (2000), tem sido desprezado.

Muitos fatores podem contribuir para a aproximação dessa disciplina e do aluno. Veremos a seguir uma das possibilidades, uma das viabilidades – o ensino de química com um significado à vida desse adolescente, um ensino em que a química se pretenda social.

1.2. OS SENTIDOS DA QUÍMICA E ALGUNS DOS CONTEÚDOS ESCOLARES

O ano de 1981 marca o início da minha atuação como professora de química na rede estadual de ensino. Iniciei aí meu percurso de professora reprodutora de uma química das descobertas, como nos diz Cortella (2006), *"(...) permanência persistente de um paradigma sobre a Verdade como descoberta que invadiu (e ainda invade) nossas práticas pedagógicas cotidianas".*

Os conteúdos são despejados sobre os alunos, como também técnicas de memorização; os processos são descartados em função de memorização do produto. Produto esse que não fazia (nem faz) sentido algum aos alunos. O foco das aulas era a descrição de fatos e das características e propriedades das substâncias mais utilizadas.

Eis alguns exemplos dos conteúdos por nós abordados ao longo desses anos e uma possibilidade viável de aulas de química a partir desta pesquisa:

⇨ **A Tabela Periódica**

Minhas aulas sobre a Tabela Periódica[7] faziam parte da rotina de memorizações. A tabela em que os elementos químicos são dispostos conforme suas propriedades é um ponto importante da química, o cerne do entendi-

---

[7] Tabela Periódica, proposta em primeira instância por Mendeleiev (1834-1907), consiste na disposição dos elementos químicos de acordo com algumas de suas propriedades físicas e/ou químicas. Os elementos químicos são distribuídos em famílias e períodos, como, por exemplo: Família dos Alcalinos: H (Hidrogênio), Li (Lítio),

mento da composição de todas as matérias existentes no universo, até então elaboradas ou conhecidas e que fora ensinada como fato consumado a ser decorado. Os alunos memorizavam frases irônicas e reproduziam a tabela, com foco único na estética, sem entenderem o conhecimento químico. Ela fora aprendida como uma descoberta genial de Mendeleiev; desprezou-se o processo de construção, a história desse conhecimento.

Para se estudar a tabela periódica *com* sentido há de se compreender as causas primeiras que levaram a sua elaboração, em meados do século XIX; compreender a função da tabela periódica, bem como sua historicidade. Em seguida, compreender os porquês da classificação desenvolvida pelos estudiosos do assunto e buscar com os alunos a aplicação que os elementos químicos têm em suas vidas; qual o sentido dos saberes, qual o sentido saber, por exemplo, que os metais são excelentes condutores de calor e de corrente elétrica, e por isso se posicionam próximos uns dos outros na tabela periódica. Não basta memorizar que *Cu* é o símbolo do Cobre, que é derivado do latim *Cuprum*; há de se saber também que os fios elétricos são fabricados com cobre exatamente devido a essa propriedade de alta condutividade elétrica. É preciso ainda saber que em suas casas há energia elétrica, porque na ligação das lâmpadas há fio de cobre, daquele mesmo cobre estudado nas aulas de química.

Na (Sódio), K (Potássio), Rb (Rubídio), Cs (Césio) e Fr (Frâncio), que foram memoristicamente estudados como H (Hoje), Li (Li), Na (Na), K (Kama), Rb (Robson), Cs (Crusoé), Fr (Francês).

Quando direcionamos os alunos aos questionamentos acerca dos saberes estudados, nós os inserimos no campo da reflexão. Como nos ensina Fazenda (2002, p. 17), sobre a pergunta: Qual é o sentido que a pergunta contempla?

⇨ O Potencial Hidrogeniônico (pH)

Outro exemplo de conteúdo químico estudado memoristicamente e que pode ser estudado *com* sentido é a determinação de pH (Potencial Hidrogeniônico). Em nossas aulas, estudamos pH apenas como propriedades logarítmicas[8] que de acordo com os valores apresentados acusavam uma substância mais ou menos ácida, mais ou menos básica. Determinava-se teoricamente um pH, porém, seu conceito e aplicabilidade na vida do aluno eram desprezados.

Uma proposta viável e que desenvolvemos nos últimos tempos: o professor providencia um repolho roxo, vai com seus alunos à cozinha da escola para ferver o repolho e extrair-lhe o sumo, a fim de produzir um indicador ácido-base. A partir desse extrato de repolho (indicador ácido-base) há possibilidade, mesmo que de maneira rudimentar, de determinação de pH de substâncias presentes na rotina do aluno: vinagre, limão, detergentes, sucos de frutas variadas. Basta criatividade.

---

[8] Potencial Hidrogeniônico, pH é o log negativo de base 10 da concentração molar dos íons H^+.

pH → 0 _____ 7 _____ 14
           ácido   base (álcali)

Reação de Neutralização

$$\begin{cases} H^+A^{-x} + B^{+y}OH^- \rightarrow H^+OH^- + B^{+y}A^{-x} \\ H_xA + B(OH)_y \rightarrow H_2O + B_xA_y \end{cases}$$

Há outras situações rotineiras, em que o aluno pode transpor o conceito aprendido:

- Picada de insetos à Ex.: liberação do ácido da formiga (ácido fórmico)
- Exposição da pele ao sol, após espremer um limão:

$$H^+ + OH^- \rightarrow H_2O$$

Os exemplos citados demonstram que a química pode ser ensinada *com* sentido, no sentido que para Pineau é o de *significação*. E tantos outros conteúdos podem ser trabalhados visando à melhoria da vida dos alunos. A seguir, verificaremos ainda outro exemplo da química estudada *com* sentido – a química de alguns dos sentidos humanos.

1.3. A QUÍMICA DOS SENTIDOS

Como pressuposto, e sem pretender esgotar o assunto, vamos de maneira simplificada apresentar o significado de "reação química" e sua classificação:

Reação Química é um processo que representa uma equação química, ou seja, que representa a transformação de uma ou mais substâncias, denominada(s) reagente(s), em outra(s) substância(s), denominada(s) produto(s) de reação.

Dividem-se basicamente em quatro tipos:
- Reações de Síntese ou Adição (A + B → AB)
- Reações de Análise ou Decomposição (AB → A + B)
- Reações de Deslocamento (A + BC → AC + B)
- Reações de Dupla Troca (AB + CD → AD + CB).

Assim, as substâncias químicas pretendem a estabilidade química e por isso reagem umas com as outras, promovendo alterações na estrutura da matéria. Essas reações envolvem absorção ou liberação de energia (Termoquímica), apresentam uma velocidade possível de ser determinada e é influenciada por vários fatores (Cinética Química), ocorre preferencialmente em um sentido, sendo na maioria das vezes reversível (Equilíbrio Químico). Enfim, há inúmeros aspectos a serem estudados pelas diferentes áreas da química. Diversas reações químicas ocorrem também no funcionamento dos órgãos dos sentidos humanos, porém, este conteúdo é muito complexo para os alunos do ensino médio; sendo abordado neste trabalho com o objetivo de complementação dos demais capítulos.

A visão (olhar) e o paladar (degustar) serão aprofundados no sentido de constituir-se um sentido no ensino da química.

◊ O Olhar

Outras partes deste trabalho enfocarão o olhar de uma maneira subjetiva. Diferentes olhares sobre o olhar serão destinados. Então, cabe-nos uma das possibilidades do olhar, o olhar químico.

Lemos em um artigo de periódico da Universidade de Santa Catarina (2007):

> *A visão consiste numa espécie de interface entre um organismo e o meio exterior, capaz de distinguir entre as radiações eletromagnéticas existentes aquelas que são sensíveis. Apenas três filos do reino animal possuem tal capacidade (WALD, 1969). É um processo tão complexo que, no caso dos seres humanos, envolve cerca de quarenta por cento (40%) do cérebro; a maior proporção entre os cinco sentidos (WERNER; PINNA; SPILLMANN, 2007).*

Existem várias reações químicas envolvidas no processo visão-cérebro, elas são estudadas pela química orgânica e centram o processo na absorção de luz pelos polienos.[9]

Há duas espécies de células sensíveis à luz no órgão da visão – os olhos, que são os cones e os bastonetes e, nestes últimos, o conhecimento sobre as reações químicas é maior.

---

[9] Polienos são compostos que apresentam mais de duas duplas ligações por molécula.

Uma substância química importante na absorção de luz é a rodopsina[10], encontrada nos bastonetes. Essa substância transmite um sinal elétrico, após ser excitada pela luz, que vão se somando até formarem e enviarem uma mensagem às células nervosas.

Existe na rodopsina um composto orgânico funcional, um aldeído denominado 11-cis-retinal que reage com uma substância da proteína opsina.[11] Há ainda inúmeras reações químicas secundárias que também colaboram para que nos bastonetes se absorva luz.

A rodopsina recebe um fóton de luz, gera um fotoproduto que tem 150kJ/mol a mais de energia que a própria rodopsina e após uma série de transformações ocorre um rearranjo molecular na substância.

Finalmente, então, uma série de reações envolvendo enzimas termina na transmissão de um impulso neural ao cérebro, de tal forma que outras reações ocorrem. Todas essas reações acontecem na velocidade incrível de 10 a 15 segundos, nos dizem os estudos de Nemeth e Hallack (2003).

Quando o discurso é o olhar não podemos deixar de observar as cores, que se apresentam sob a forma de luz ou pigmento e nesta última forma aproxima-se novamente da disciplina química em questão.

---

[10] Rodopsina é um fotorreceptor localizado na retina do olho. Fonte: www.dombosco.com.br.

[11] Opsina é um pigmento proteico visual encontrado nos bastonetes da retina. Fonte: http://decs.bvs.br.

A luz é um tipo de onda eletromagnética que interage com a matéria; parte dessa luz é absorvida e parte é refletida, sendo que sua energia é transportada por fótons[12]. Os fótons são partículas sem massa ou carga, mas possuem energia e, portanto, apresentam frequência e comprimento de onda. Quanto maior a frequência, maior a energia e menor o comprimento de onda.

A cor luz não existe materializada, trata-se de uma sensação que os olhos captam a partir da incidência dos raios luminosos e se baseia na luz solar. É representada pela soma do vermelho, verde e azul, que juntas produzem a luz branca.

Já a cor pigmento, quimicamente, é matéria e pode absorver, refratar ou refletir os raios luminosos incidentes sobre ela. São o amarelo, o magenta e o ciano, que levam à produção de milhões de cores quando misturadas em proporções diversas. A soma total delas leva a um preto turvo.

Surge-nos um questionamento: por que o ser humano vê essa faixa de cores? Concluímos, com os estudos de Nemeth e Hallack (2003), que o olho humano é sensível a essa faixa do espectro eletromagnético e que nem toda luz interage da mesma forma com a matéria; nem toda luz tem energia suficiente para causar alterações que possam ser transformadas em impulsos nervosos. A energia das ligações será maior ou menor a depender do tipo de interação intermolecular, sejam elas forças de Van der

---

[12] Fótons: No início do século XX, Einstein provou a dualidade onda-partícula da luz, denominando fóton a partícula luminosa. Fonte: Adaptado de http://efisica.if.usp.br/otica/basico/fotons/historia/.

Waals,[13] pontes de hidrogênio, ligações iônicas ou covalentes. A radiação do tipo infravermelha está relacionada a interações fracas e por isso toda matéria emite essa radiação. Já as radiações ultravioletas têm muita energia, o que explica sua periculosidade.

Recorremos aos estudos já citados para o entendimento do que vem a ser a cor: *"A cor é uma percepção visual provocada pela ação de um feixe de fótons sobre células especializadas da retina, que transmitem por meio de informação pré-processada no nervo óptico impressões para o sistema nervoso".*

A cor é determinada pelas médias das frequências dos pacotes de onda que as moléculas que a constituem refletem. Então, um objeto terá uma cor se não absorver os raios correspondentes à frequência daquela cor e ela se relaciona com os diferentes comprimentos de onda do espectro eletromagnético. São percebidas pelas pessoas na zona do visível, que tem fundamento teórico nos postulados de Bohr[14], apresentados em 1913.

Se o preto é ausência de luz, então a cor branca representa a sobreposição de todas as cores, que podem ser decompostas com a utilização de um prisma.

---

[13] As ligações existentes entre as moléculas serão mais ou menos fortes conforme o tipo de interação existente, sendo que as do tipo Forças de Van der Waals são as mais fracas por atuarem nas moléculas apolares.

[14] Niels Bohr, físico dinamarquês que trabalhou com Rutherford, tendo desenvolvido o Modelo Atômico de Rutherford-Bohr, em 1913. Recebeu o Prêmio Nobel de Física em 1922.

Muito ainda há para se estudar sobre as cores, porém, citaremos alguns exemplos prazerosos em seu estudo: os fogos de artifício, a cromoterapia e o uso das cores na alimentação.

Os fogos de artifício produzem as diversas cores a depender dos sais utilizados em sua fabricação, conforme tabela por nós elaborada:

Amarelo	Sais de sódio
Vermelho	Sais de estrôncio e lítio
Laranja	Sais de cálcio
Azul	Sais de cobre
Verde	Sais de bário

Os sais, compostos químicos, ao serem aquecidos liberam luz visível, conforme suas composições químicas. A energia fornecida pelo calor é recebida pelo elétron e o faz saltar para uma camada eletrônica mais energética; e de acordo com os Postulados de Bohr, o elétron tende a retornar a sua camada de origem liberando, então, a mesma quantidade de energia recebida sob forma de luz visível.

Outro estudo prazeroso é o da cromoterapia, que é um tratamento em que se utiliza da energia das diversas cores em busca da harmonização do ser humano. As cores, quando estudadas pela química têm sua importância para além do visual, conforme Fazenda (2002)[15]:

---

[15] Carla Maria Arantes Fazenda, no verbete "Cor", *In*: FAZENDA, Ivani [Org.], conforme referência.

Os efeitos das cores podem ser experienciados e compreendidos não apenas visualmente, mas também psicológica e simbolicamente. Assim, a questão da cor pode ser examinada sob infinitos aspectos. (...) O químico estuda a estrutura molecular dos corantes e pigmentos, veículos e preparação de corantes sintéticos. A química da cor atual serve a um campo enorme de pesquisa e produção industrial.

As cores que se aproximam do vermelho são voltadas para a matéria; em química é a parte ácida. E as voltadas para o violeta são relacionadas ao desconhecido, ao mundo espiritual; em química é a parte básica ou alcalina. De acordo com esse tratamento o corpo físico é composto por uma parte ácida e outra alcalina que devem estar harmonizadas.

Apesar da incerteza de aceitação por parte da academia, a cromoterapia apresenta as cores e seus efeitos sobre o ser humano parcialmente apresentados abaixo:

Vermelho	Paixões violentas, sensualidade
Laranja	Sentimentos fortes como orgulho, ambição, coragem, alegria
Amarelo	Intelectualidade, busca do intelectual, otimismo
Verde	Cura, ensino, equilíbrio, estabilidade
Ciano	Compaixão, autorrespeito

Azul	Tranquilidade, calma, paz de espírito
Violeta	Discernimento, místico
Branco	Paz

Como dissemos, há também a possibilidade de estudo das cores químicas relacionadas à alimentação. Há vários estudos sobre este tema e percebe-se que as cores vermelho, laranja e amarela relacionam-se com a alimentação; basta que prestemos atenção às cores dos restaurantes e *fast foods* de qualquer praça de alimentação de qualquer *shopping*. Estando o vermelho, o laranja e o amarelo ligados a paixões, a sentimentos e vontades, essas cores induzem ao ser humano a vontade de alimentar-se, pois as cores estão ligadas diretamente às funções ópticas, como já vimos neste capítulo, e também às funções fisiológicas e neurológicas, o que, certamente, tem sido considerado no mundo da propaganda.

A cor de uma embalagem é oportunamente associada às necessidades das pessoas, podendo, por exemplo, surgir a necessidade de se alimentar; suscitando vontades e desejos. Tudo parece estar diretamente ligado às reações químicas que o cérebro processa de acordo com o comprimento de onda de cada cor. Assim, com a exposição das cores do espectro visível, concluímos a importância da disciplina química neste estudo.

CORES DO ESPECTRO VISÍVEL		
COR	COMPRIMENTO DE ONDA	FREQUÊNCIA
vermelho	~ 625-740 nm	~ 480-405 THz
laranja	~ 590-625 nm	~ 510-480 THz
amarelo	~ 565-590 nm	~ 530-510 THz
verde	~ 500-565 nm	~ 600-530 THz
ciano	~ 485-500 nm	~ 620-600 THz
azul	~ 440-485 nm	~ 680-620 THz
violeta	~ 380-440 nm	~ 790-680 THz

ESPECTRO CONTÍNUO

O processamento das cores pelo cérebro tem sido estudado por vários neurocientistas que sustentam que esse processamento acontece separadamente de outros atributos, como, por exemplo, a forma dos objetos. É o que observamos em um dos estudos de Werner, Pinna e Spillman (2003).

⇨ O Degustar

A língua (órgão do sentido) e suas percepções:

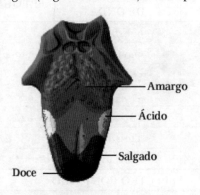

Fonte: www.jornallivre.com.br/images_enviadas/corpo

⇨ Tipos de Alimentos
(Carboidratos, Proteínas, Gorduras, Vitaminas, Minerais, Água)

Carboidratos: substâncias formadas por átomos de carbono e moléculas de hidrato (água). Tem por função fornecer e armazenar energia. A glicose é um bom exemplo, veja sua fórmula estrutural:

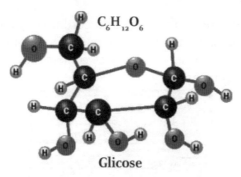

Glicose

Fonte: www.educacaofisica.com.br/layout/imagens/banc

Proteínas: compostos orgânicos resultantes da união de dois ou mais aminoácidos, que por sua vez são resultado das ligações peptídicas entre aminas e ácidos carboxílicos (compostos orgânicos funcionais). São fundamentais para manter a estrutura e o funcionamento dos organismos vivos. Perceba exemplos abaixo:

Dois dos Aminoácidos

Gorduras ou lipídios: quimicamente formadas a partir da união de três ácidos graxos com um glicerol. Têm por função ser fonte e reserva de energia, bem como auxiliar no metabolismo. Podem se apresentar no estado sólido (gorduras) ou líquido (óleos).

Todos nós conhecemos as gorduras comuns que os alimentos contêm. A carne possui gordura animal e a maioria dos pães e das massas contém óleos vegetais, manteiga ou banha.

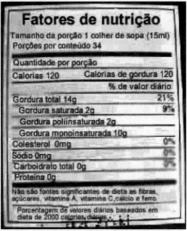

Rótulo nutricional da embalagem do azeite de oliva

Sabemos que existem dois tipos de gorduras: as **saturadas** e as **insaturadas**. As gorduras saturadas são normalmente sólidas em temperatura ambiente, enquanto as insaturadas são líquidas. Os óleos vegetais são os melhores exemplos de gorduras insaturadas, enquanto as banhas e as manteigas (assim como a gordura animal que vemos em carne crua) são gorduras saturadas. Porém, a maioria das gorduras contém uma mistura. Por exemplo, acima está o rótulo da embalagem do azeite de oliva. Ele contém gorduras saturadas e insaturadas, mas as gorduras saturadas são dissolvidas nas insaturadas.

Para separá-las é só colocar o azeite de oliva na geladeira. As gorduras saturadas se solidificarão e as insaturadas continuarão líquidas. Percebe-se que a embalagem do azeite de oliva distingue as gorduras insaturadas entre **poli-insaturadas** e **monoinsaturadas**. As gorduras insaturadas são, atualmente, consideradas mais saudáveis do que as saturadas.

Um tipo específico de gordura:
A gordura TRANS. Do que nos afastamos quando o rótulo da embalagem apresenta 0% de gordura trans?

De onde vem essa inimiga? Da gordura vegetal quimicamente alterada. "O óleo vegetal passa por um processo industrial de hidrogenação (recebe átomos de hidrogênio) para ficar sólido em temperatura ambiente", explica a engenheira-agrônoma. Além de deixar a margarina cremosa, a batata frita crocante e evitar que o recheio do biscoito derreta na prateleira, a gordura trans realça o sabor dos alimentos, tornando-os viciantes. Sabe aquela história de que é impossível comer um só? (Marisa Regitano d'Arce, do Departamento de Agroindústria, Alimentos e Nutrição da Esalq/USP).

ÁCIDOS GRAXOS SATURADOS E NÃO-SATURADOS

Se cada átomo de carbono na cadeia que forma um ácido graxo estiver ligado a dois átomos de hidrogênio, o ácido graxo é considerado saturado. Se alguns átomos de hidrogênio estiverem faltando, e, portanto, haja dupla ligação entre os carbonos, é considerada insaturada.

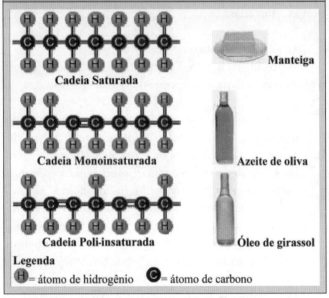

Fonte: www.reinaldoribela.com.br

Então a gordura trans é obtida após um processo de hidrogenação industrial; ela é adicionada aos produtos para aumentar-lhes a longevidade, dar-lhes consistência cremosa e realçar-lhes o paladar, sendo geralmente encontrada em alguns alimentos, como bolachas recheadas, algumas margarinas, chocolates, entre outros. A gordura trans é prejudicial à saúde porque eleva os índices de LDL[16] (*Low density lipoproteins*), colesterol ruim.

Na tabela anterior, temos a manteiga, uma gordura saturada, que não contém as duplas ligações necessárias à nossa saúde. Mas não é tão prejudicial quanto à gordura trans.

A presença de dupla ligação entre os átomos de carbono confere à cadeia o caráter de insaturação, necessário aos produtos alimentícios, como é o caso do azeite de oliva, cadeia monoinsaturada. O óleo de girassol, no exemplo acima, torna-se ainda melhor para o consumo devido à apresentação de duas dessas ligações duplas, o que o torna poli-insaturado.

Vitaminas: O Dicionário Merriam-Webster Collegiate define "vitamina" como: "vi.ta.mi.na: qualquer uma das substâncias orgânicas que são essenciais, em pequenas quantidades, à nutrição da maioria dos animais e de algumas plantas".

O corpo humano precisa de treze vitaminas diferentes.
- Vitamina A (solúvel em gordura, retinol): presente em plantas com betacaroteno. Quando você come betacaroteno, uma enzima no estômago a transforma em vitamina A.

---

[16] A estrutura das lipoproteínas é complexa. Elas se dividem em cinco grandes categorias: quilomícrons (CM), lipoproteínas de densidade muito baixa (VLDL), lipoproteínas de densidade intermediária (IDL), lipoproteínas de densidade baixa (LDL) e lipoproteínas de densidade alta (HDL). As siglas entre parênteses são oriundas das iniciais das palavras em inglês (Extraído do livro *Química Fisiológica*, Ed. Atheneu).

- Vitamina B (solúvel em água, várias vitaminas específicas no complexo):
  - Vitamina B1: tiamina
  - Vitamina B2: riboflavina
  - Vitamina B3: niacina
  - Vitamina B6: piridoxina
  - Vitamina B12: cianocobalamina
- Ácido fólico
- Vitamina C (solúvel em água, ácido ascórbico)
- Vitamina D (solúvel em gordura, calciferol)
- Vitamina E (solúvel em gordura, tocoferol)
- Vitamina K (solúvel em gordura, menaquinona)
- Ácido pantotênico (solúvel em água)
- Biotina (solúvel em água)

Minerais: são elementos que nossos organismos devem ter para criar moléculas específicas necessárias ao organismo. Veja alguns dos minerais mais comuns de que nosso corpo precisa:
- cálcio (Ca): necessário para dentes e ossos
- cloro (Cl)
- cromo (Cr)
- cobre (Cu)
- flúor (F): dá força aos dentes
- iodo (I): combina com a triosina para criar o hormônio tiroxina
- ferro (Fe): transporta o oxigênio pelas células vermelhas do sangue
- magnésio (Mg)
- manganês (Mn)

- molibdênio (Mo)
- fósforo (P)
- potássio (K): íon importante nas células nervosas
- selênio (Se)
- sódio (Na)
- zinco (Zn)

Água: considerada o solvente universal por dissolver a maioria das substâncias, sem a qual não há vida.

Aditivos Químicos: são substâncias adicionadas aos alimentos para conservá-los por mais tempo e para melhorar seu aspecto quanto à cor, textura e aroma.
- Edulcorantes (D): dão sabor adocicado aos alimentos. Sacarina (DI), ciclamatos (DII)
- Aromatizantes ou Flavorizantes (F): evidenciam ou dão sabor aos alimentos. Essências naturais (FI), essências artificiais (FII).
- Espessantes (EP): são usados para dar consistência aos alimentos. Ágar-ágar (EPI), goma-arábica (EPII), musgo irlandês (EPX).
- Conservantes (P): prolongam o tempo de vida dos alimentos, evitando a sua deteriorização. Ácido benzoico (PI), dióxido de enxofre (PV), antibióticos (PVI), nitratos (PVII), nitritos (PVIII).
- Acidulantes (H): impede ou retarda a proliferação de micro-organismos. Ácido cítrico (HII, ácido fosfórico (HIII), ácido lático (HVII).
- Antioxidantes (A): Impedem que o oxigênio entre em reação com os alimentos, fazendo com que os

alimentos tenham alterações na cor e no sabor. Ácido ascórbico (AI), ácido fosfórico (AIII).
- Umectantes (U): mantêm úmido certos produtos. Carbonato de cálcio (AUI), carbonato de magnésio (AUII).
- Estabilizantes (ET): evitam alterações na composição dos alimentos. Goma-arábica (ETII), óleos bromados (ETV), citrato de sódio (ETVI).

Fonte: http://www.ufsm.br/nitrico/site/aditivos_quimicos.htm

Expostos os aspectos principais relacionados à alimentação, passamos à discussão dos sabores.

Há muito tempo ouvimos falar que o paladar humano reconhece quatro sabores: salgado, doce, azedo e amargo, porém, algumas pesquisas na área da fisiologia do gosto apontam para um quinto sabor, o *umami*. Este quinto sabor se deve ao fato da substância glutamato monossódico não poder ser obtida a partir da mistura dos quatro sabores já existentes. A partir desses estudos, o discurso sobre os sabores foi alterado. Existem cinco tipos de sabores fundamentais: salgado, azedo, doce, amargo e *umami*.

A química do alimento é a responsável pela existência distinta dos sabores.

Sabor salgado: Cloreto de sódio (Na^+Cl^-) é o sal de cozinha. Os íons de Na^+ é a espécie responsável por este sabor.

Sabor azedo: A espécie detectada é o íon H⁺ presentes nos ácidos.

Nas verduras, ocorre o ácido oxálico:

E, finalmente, o ácido cítrico, que está presente no limão.

A palavra vinagre vem do francês: *vinaigre,* que quer dizer "vinho azedo". O que é o Ácido do Vinagre? Pode ser também chamado de ácido acético ou ácido etanoico. É um líquido incolor com odor acentuado.

Sabor doce: ocorre em resposta à presença de carboidratos $(CH_2O)_n$ solúveis em concentrações suficientes na cavidade oral. Entretanto, existe uma variedade de moléculas que não são carboidratos, mas também apresentam sabor doce, são os adoçantes dietéticos.

Exemplo:

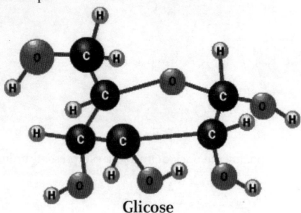

Glicose

Sabor amargo: substâncias amargas provocam uma liberação de íons Ca^{2+}. O aumento das quantidades desse íon é o responsável por este sabor. Outra forma de percepção deste sabor é obtida com a presença da substância humulona:

Sabor *umami*: Pode ser comparado ao gosto da carne. Um tempero muito usado na cozinha japonesa e que parece acentuar o *umami* é o aminoácido chamado glutamato monossódico, realçador de sabor comercialmente conhecido como Aji-no-moto.

C5H8NNaO4 – fórmula molecular do glutamato monossódico.

* * *

Objetivando complementar os capítulos que se seguem, veremos agora a química de um alimento especial: o chocolate.

Buscamos entender o sentido da química na constituição de alguns dos sentidos humanos: olhar a química para compreender a química do olhar e degustar a química para compreender a química do gosto/paladar. Falar sobre a química para provocar outras transformações e, enfim, sentir a química para compreender a química dos sentidos.

Esta disciplina, a química, pode ser trabalhada com os alunos sem que haja o medo citado, pois se ela tiver sentido ao aluno, terá sentido explicá-la. E esse sentido adquire um sentido maior quando articulado interdisciplinarmente, como veremos a seguir.

↬ Um alimento especial: o Chocolate

Segundo alguns estudiosos, a origem desse alimento é creditada à civilização Olmeca (população que habitava as terras baixas do Golfo do México), que utilizou o fruto do cacaueiro, por volta no ano 1500 a. C. O chocolate é um alimento polêmico, se por um lado ele é excessivamente calórico, e, portanto, faz engordar; por outro, é delicioso e, segundo alguns pesquisadores, faz muito bem à saúde, pois possui substâncias que lhe são benéficas, como: flavonoides (polifenóis presentes no chocolate, que são potentes antioxidantes, pois impedem que o LDL – colesterol (o colesterol "ruim") seja oxidado e se deposite nos vasos sanguíneos), cafeína e teobromina, esses últimos são estimulantes que agilizam o raciocínio. Há alguns manuscritos das eras indígenas e coloniais em que bebidas à base de cacau eram recomendadas para problemas estomacais ou ainda como fortificantes às pessoas com fraqueza.

Quimicamente, trata-se de um alimento rico em procianidinas, polifenóis e flavonoides[17] (compostos orgâ-

---

[17] Os flavonoides são compostos orgânicos que apresentam várias funções nutricionais e que têm sido descritas como modificadores de resposta biológica; a maioria deles parece atuar como antioxidantes, e alguns têm propriedades anti-inflamatórias. Tem sido demonstrado que flavonoides

nicos derivados da catechina e epicatechina), compostos com potente ação antioxidante e protetora dos vasos sanguíneos. Parece que o cacau reduz o risco de doença cardíaca e a ingestão de uma barra de 100g pode elevar significativamente a capacidade antioxidante do plasma, e o uso diário de pequenas quantidades (aproximadamente 50g) ajuda a reforçar e a relaxar a parede das artérias.

Os chocolates são classificados em vários tipos, conforme sua composição. Há o chocolate meio amargo, que é fabricado com sementes de cacau, pouca quantidade de manteiga de cacau, baixa quantidade de açúcar e não se adiciona leite. Seu sabor acentuado se deve à grande quantidade de massa de cacau. Uma barra de 30g fornece 150 calorias. Já o chocolate ao leite tem em sua composição licor, sementes de cacau, manteiga de cacau, açúcar, leite, leite em pó ou leite condensado. Essa é uma das possíveis receitas e parece ser creditada ao farmacêutico alemão Henri Nestlé (1814-1890). Uma barra de 30g contém 159 calorias. O chocolate branco não contém sementes de cacau, e exatamente por isso alguns não o consideram um chocolate. Ele é industrializado a partir de uma mistura de leite, açúcar, manteiga de cacau e lecitina. Uma barra de 30g contém 164 calorias.

Com relação aos estudos sobre consumo desse alimento, podemos dizer que há estudos que afirmam ser o chocolate meio amargo mais rico em substâncias antioxidantes, o que o torna mais propício ao consumo

---

previnem ou retardam o desenvolvimento de alguns tipos de câncer. Fonte: adaptado de http://saude.abril.com.br/edicoes/0290/nutricao/conteudo_294199.shtml.

quando comparado com os demais. A gordura presente, em maioria, no chocolate é a gordura saturada, mas não tão prejudicial à saúde, porque uma porcentagem dessa gordura é convertida em um tipo de ácido graxo que não favorece o aumento do colesterol no sangue. Porém, não se pode consumi-lo em excesso, uma vez que seu alto teor calórico vai produzir gordura excedente.

1.4. PARA ALÉM DA DISCIPLINA

No início do meu trajeto de pesquisadora, quando da leitura do livro Metodologia da Pesquisa Educacional, organizado por Fazenda (2006), senti receio em escrever sobre minha pesquisa. Receio, pois advinda da área de exatas, cuja formação acadêmica em química não propiciou a prática sistemática da leitura e cujas posses financeiras não me aproximaram do mundo culto dos espetáculos de teatro, cinema, entre outros, não senti segurança para escrever. Surgiu então a primeira dificuldade – o processo de escrita; não por não saber escrever, e, sim, por sequer saber se sabia escrever. Tomei essa situação por desafio. Mergulhei na leitura e ousei engatinhar na interdisciplinaridade, buscando-lhe humildemente os sentidos teóricos. Hoje revisitando esse momento, percebo a ousadia no tentar fazer e a humildade em reconhecer o desconhecimento (que eu pensara conhecer). Essa situação se tornou propulsora de minhas ações de pesquisadora.

Aprofundei meus estudos sobre a interdisciplinaridade e não sabia explicar se tratava de uma teoria, uma abordagem ou uma metodologia. Mais e mais leituras se fizeram necessárias (e ainda se fazem), e percebi que não importa somente o título do texto, vale muito mais o seu conteúdo, a sua intencionalidade, então denominar a interdisciplinaridade como teoria, abordagem ou metodologia não era a questão maior.

Com as palavras da professora Ivani, em uma de suas aulas em 2008, na PUC-SP, da qual fui aluna orientanda de mestrado percebi-me inserida no mundo da interdisciplinaridade e em seus princípios: espera, coerência, humildade, respeito e desapego, enfatizados em seus escritos, como em Fazenda (2008). E então, percebi-me uma professora interdisciplinar, pois buscava (e busco) caminhos em que o meu aluno se autovalorizasse, caminhos em que nossas aulas de química pudessem ter algum efeito positivo na vida desses alunos e quando me percebi "pré-ocupada" com eles, percebi-me interdisciplinar na intenção. Mas o objeto de pesquisa estava nebuloso. *"Rever o velho para entender o novo"*, dizia a professora em aula e em vários de seus escritos[18] e resolvi percorrer os vinte e oito anos de sala de aula, onde atuo como professora de química. Vários questionamentos foram surgindo a partir da minha prática pedagógica e mais um elemento da interdisciplinaridade se põe – *"a importância do ato de perguntar"*, conforme proposta de Fazenda (2002).

---

[18] O primeiro fundamento da interdisciplinaridade está nesse movimento dialético: rever o velho para torná-lo novo ou tornar novo o velho. Ivani Fazenda, *Inter*: História, Teoria e Pesquisa, p. 81. Dicionário em construção, p. 15 e Interdisciplinaridade: qual o sentido? p. 65 – ver referência.ist

Minha prática de professora tarefeira já me incomodara em outras vezes e eu buscara, mesmo que apenas pontualmente, uma prática criativa[19], que despertasse no meu aluno interesse pela química.

Fui mais longe ainda, pensava no meu aluno, na importância de conquistá-lo por meio de combinados e de negociações em aula, buscava uma relação professor-aluno saudável e novamente revisitando minha trajetória de vida,[20] encontrei cursos e monografias, nos quais meu foco de atenção era justamente a questão da indisciplina, e a busca de propostas para minimizá-la, e a Teoria de Wallon, fora, já, àquela época investigada como possibilidade de solução.

E os questionamentos fervilhavam em minha mente, pois precisava focar um problema de pesquisa. Fervilhavam como água em ebulição: algumas moléculas evaporam e se perdem daquele recipiente; outras condensam e retornam ao recipiente. Essas últimas carregam a possibilidade de novamente provocar mudança, pelo simples retornar, pelo simples existir ali. Em sala de aula, questionamentos surgiam, a mente fervilhava em busca de caminhos que fizessem os alunos se interessarem pelas aulas de química; algumas situações eram descartadas, como aquelas moléculas que se evaporaram, porém, outras permaneciam em busca de caminhos outros.

---

[19] Ana Gracinda Queluz, verbete **Tempo**, *Dicionário em Construção*, p. 141 – ver referência.

[20] Ivani Fazenda, p. 65 e 70, *Inter*: História, Teoria e Pesquisa (14ª ed.) 2007.ist

Aproximei-me, por acaso (acaso?) em sala de aula (agora novamente na PUC, eu como aluna) de duas pesquisadoras da interdisciplinaridade, uma recém-chegada como eu, que se iniciava na inter – a Ana e outra já autora, já doutora – a Dirce, e com ambas tenho aprendido muito. Ana pesquisa sobre os "alimentos e educação na terceira idade" e Dirce passeia por temas como o "olhar do idoso", pois já defendeu dissertação e tese. Essa aproximação nos levou a questionamentos sobre a importância da química nos alimentos e nos sentidos humanos, em especial a visão/o olhar (da Dirce) e o paladar/o degustar (da Ana). E percebi uma possibilidade de demonstrar a importância do estudo de química.

Tudo caminhou para um desfecho, que se transformou em início propulsor da minha pesquisa. Escrever sobre os sentidos da química a fim de constituir-lhe uma disciplina *com* sentido aos alunos, e, antes disso, para mim mesma se tornou o objeto de pesquisa. E ainda mais, visando à apresentação de um *workshop*, o texto ora elaborado "Dos sentidos da química à química dos sentidos" pretende dialogar com os textos das pesquisadoras Professora Ana Maria Tomazoni e da Professora Dra. Dirce Encarnacion Tavares. Na época do *workshop*, eu e a Ana não havíamos ainda defendido nossas dissertações, que foram frutos, também, deste trabalho.

Então, em nossa dissertação de mestrado falamos da interdisciplinaridade na educação, de nossa prática pedagógica na busca de uma química com sentidos, o que Fazenda (2008) denomina interdisciplinaridade escolar e, para tanto, pesquisamos a inter não apenas sob o aspecto epistemológico, mas também ontológico e praxiológico, pois os sujeitos em questão (alunos e professora) foram foco fundamental.

REFERÊNCIAS BIBLIOGRÁFICAS

BIEHL, Luciano Volcanoglo. *A Ciência Ontem, Hoje e Sempre*. 2ª ed., Canoas: Ed. ULBRA, 2008.

BISPO, Jurandyr Gutierrez. *Desafios à Formação Docente Interdisciplinar: A Trajetória de um Professor de Química*. 2003. 126 f. Dissertação (Educação: Sujeitos, Formação e Aprendizagem). Universidade Cidade de São Paulo, São Paulo, 2003.

CHIAPPETTA, Marília Gonçalves. *Ciências no Ensino Médio: Prática Pedagógica em Química, Física e Biologia*, 2000. Dissertação (Mestrado em Educação: História e Filosofia da Educação). Pontifícia Universidade Católica de São Paulo. São Paulo, 2000.

CHRISPINO, Álvaro. *O que é Química?* 3ª ed., São Paulo: Ed. Brasiliense, 2006.

CORTELLA, Mario Sergio. *A Escola e o Conhecimento – Fundamentos epistemológicos e políticos*. 10ª ed., São Paulo: Ed. Cortez, 2006.

FAZENDA, Carla Maria Arantes. Cor. In: FAZENDA, Ivani [Org.]. *Dicionário em Construção*. 2ª ed., São Paulo: Ed. Cortez, 2002.

FAZENDA, Ivani C. Arantes. *Interdisciplinaridade: qual o sentido?* 2ª Ed., São Paulo: Paulus, 2006.

_____. [Org.]. *Metodologia da Pesquisa Educacional*. 10ª Ed. São Paulo: Ed. Cortez, 2006.

_____. [Org.]. *Dicionário em Construção*. 2ª ed., São Paulo: Ed. Cortez, 2002.

_____. *Interdisciplinaridade: História, Teoria e Pesquisa.* 14ª ed., Campinas, SP: Prós. 2007.

_____. [Org.]. *O que é Interdisciplinaridade?* São Paulo: Cortez. 2008.

HARVEY, David. *Condição Pós-Moderna.* 9ª ed., São Paulo: Ed. Loyola, 2000.

PINEAU, Gaston. O sentido do Sentido. *In*: NICOLESCU, Basarab. *Educação e Transdisciplinaridade.* Brasília: UNESCO, 2000.

PEDROSA, Israel. *Da Cor a Cor Inexistente.* Brasília: Editora Universidade de Brasília, 1982.

QUELUZ, Ana Gracinda. Tempo. *In*: FAZENDA, Ivani [Org.]. *Dicionário em Construção.* 2ª ed., São Paulo: Ed. Cortez, 2002.

TITO, Miragaia; CANTO, Eduardo Leito do. *Química na Abordagem do Cotidiano.* V. 3. São Paulo: Ed. Moderna, 2004.

TRINDADE, Diamantino Fernandes. *O Olhar de Hórus. Uma Perspectiva Interdisciplinar do Ensino na Disciplina História da Ciência.* Tese de Doutorado. Programa Educação: Currículo. PUC. São Paulo: 2007.

VANIN, José Atílio. Alquimiando a Química. 3ª ed. São Paulo. Ed Moderna. 1994. *In*: BISPO, Jurandyr Gutierrez. *Desafios à Formação Docente Interdisciplinar. A Trajetória de um Professor de Química.* 2003. 126 f. Dissertação (Educação: Sujeitos, Formação e Aprendizagem). Universidade Cidade de São Paulo, São Paulo, 2003.

VIEIRA, Enio C.; FIGUEIREDO, Eurico A.; LEITE, Jacqueline I. A.; GOMEZ, Marcus V. *Química Fisiológica.* 2ª ed., São Paulo, Rio de Janeiro e Belo Horizonte: Atheneu, 1995.

<http://www.cefetsp.br/edu/ped/hdtv/conebastonete.htm>. Acesso em 06 de maio de 2009.

<http://members.tripod.com/alkimia/curiosidades/visao.htm>. Acesso em 06 de maio de 2009.

<http://www.periodicos.ufsc.br/index.php/fisica/article/viewFile/6067/5635>. Acesso em 10 de maio de 2009.

<http://www.rc.unesp.br/proama/pagfeitas/colostro>. Acesso em 10 de maio de 2009.

<http://www.ufmt.br/bionet/curiosidades/15.11.04/colostro.htm>. Acesso em 10 de maio de 2009.

<http://intra.vila.com.br/revista2003/.../quimica_visao.htm>. Acesso em 02 de junho de 2009.

<http://www.mundocor.com.br/cores/teoriacores>. Acesso em 04 de junho de 2009.

CAPÍTULO 2

O MISTÉRIO DA SIMPLICIDADE DO SABER & SABOR

Ana Maria Ruiz Tomazoni

> *O Universo nada significa sem a vida,*
> *e tudo o que vive se alimenta.*
> Brillat Savarin[21]

O saber deveria ser um ato contínuo de aquisição e revisão de conhecimentos, em crescimento constante. O sabor é a própria evolução do homem em descobrir nos alimentos a arte e o prazer em comê-los.

---

[21] SAVARIN, Brillat. *A Fisiologia do Gosto.* Companhia das Artes, 1995.

2.1. ASPECTOS DA HISTÓRIA DOS ALIMENTOS ENVOLVENDO A CIVILIZAÇÃO

*Dize-me o que comes
e te direi quem és.*
Brillat Savarin

Pensando na história e no início das civilizações sabemos que os alimentos estão relacionados com rituais, costumes de cultivo e sua preparação e com o prazer de comer.

Atualmente, a visão do prazer de comer é a sensação de satisfazer uma necessidade vital que o homem tem em comum com os animais. Comer podemos dizer que é o instinto que mais cedo desperta e constitui a base da vida humana e animal. Já, fome é a carência biológica de alimento que se manifesta em ciclos regulares, enquanto o apetite é um estado mental, uma sensação que tem muito mais de psicológico do que fisiológico.

Os animais comem até se saciarem. Os homens comem para além de se saciarem porque sentem prazer. Olhando para a história, vemos que o homem inventou o ritual social básico, que é a refeição e, mais adiante, realizado para ganhar a proteção e o favor dos deuses. A refeição é assim, *"a ritualização da repartição dos alimentos".* [22] Visto que a partir daí a alimentação se tornou rica em símbolos.

---

[22] FRANCO, Ariovaldo. *De Caçador a Gourmet – Uma História da Gastronomia.* SENAC-SP, 2001, p. 21.

O ato de se alimentar proporciona um "prazer característico" à espécie humana. Este ato pressupõe alguns cuidados com os preparos desde a escolha do cardápio (*menu*), o preparo com técnicas dietéticas características para cada alimento, arrumação do local em que será servido, consideração do número e tipo de pessoas que irão comer, entre outros requisitos. Ações que fazemos automaticamente sem perceber quando a refeição está servida. Sabemos que isso é uma verdade universal e que a alimentação diz muito de educação, cultura e civilidade das pessoas.

Segundo o autor, Ariovaldo Franco[23], a grande diferença entre os homens e animais foi consolidada quando o homem aprendeu a cozinhar os alimentos. Cozinhando, descobriu que podia cozer a caça, colocar-lhe sabor e torná-la digerível e apetitosa.

Pelo calor com temperaturas elevadas há uma maior liberação de sabores e odores, contrapondo ao frio, que os anula. Percebeu, ainda, que a cocção retardava a decomposição dos alimentos, prolongando o tempo em que podiam ser consumidos. Aparecendo, assim, a primeira técnica de conservação.

O fogo gerador de calor e de luz – associado à magia, ao sobrenatural e à ideia de vida, de purificação e de perenidade foi provavelmente uma das primeiras divindades. Várias religiões utilizaram e utilizam até os dias de hoje o culto ao fogo em muitas cerimônias, das mais simples procissão a rituais à mesa como cultura de hospitalidade,

---

[23] Idem, p. 17.

exercendo um fascínio sobre a humanidade. Há quem afirme a existência de uma atração interior, inconsciente e sedutora para infinitas situações.

Relacionando o fogo aos primórdios da arte culinária estão associados à invenção de diferentes utensílios de pedra e de barro. Somente a partir deles é que a culinária começou técnicas em cozer, de temperá-los com ervas e sementes aromáticas. Essa cocção tornou os alimentos mais fáceis de mastigar, alterando os músculos faciais, como, também, o desenvolvimento humano como um todo.

Continuando essas invenções utilizou-se a argila, criando o forno de barro compacto. Essas invenções constituíram importantes mudanças na sociedade pré-histórica.

Observada a história, o homem utilizou toda diversidade animal e vegetal, que teve alcance para saciar a fome. A caça possibilitou-lhe deixar de ser simples coletor de alimentos e, além da carne, deu-lhe peles para proteção contra o frio.

A evolução do homem torna-se cada vez maior quando ele amplia sua atividade de caçador para cultivar a terra: a agricultura nasce quando ele coloca para germinar e se multiplicarem grãos colhidos e domestica alguns dos animais que antes caçava.

Pensando na evolução do homem, voltamos o nosso olhar para o homem atual que envelhece e que se apropria com mais maturidade do sabor dos alimentos e percebe a importância para a vida, ou seja, há um refinamento do paladar.

2.2. O IDOSO: UM MULTIPLICADOR DO PROCESSO

O idoso contempla os sabores. Por que isso ocorre? Há uma nova ciência que busca conhecer o idoso como um todo: a gerontologia.

A gerontologia é uma ciência que estuda o velho, a velhice, a pessoa idosa buscando integrar as demais ciências como a geriatria, a sociologia, a psicologia, as tecnologias da informática, entre outras. Estuda o saber voltado ao idoso, num olhar interdisciplinar. Nas instituições criadas para esse fim, por exemplo, as faculdades de terceira idade facilitam a integração das várias áreas do saber disciplinar para desenvolver o conhecimento afetivo-emocional, possibilitando ao aluno se descobrir como "ser vivo", que tem possibilidades de aprender, de descobrir novos conteúdos, de se interar com as tecnologias, de buscar novos projetos de vida, além de entender como se alimentar melhor, propiciando novas atitudes para qualidade de vida e convívio à mesa.

O envelhecimento faz parte do processo natural da vida, principalmente o biológico, porém, nós educadores podemos acelerar ou retardar esse processo. Como pedagoga e técnica em nutrição, tenho a preocupação em pesquisar e reinventar hábitos alimentares que intervêm e melhoram a longevidade, independentemente da idade cronológica.

Vivendo com maior qualidade de vida, o idoso poderá conquistar um novo espaço na sociedade, com mais respeito, como um ser que pensa, reflete, sente e age, reinventando seu novo tempo de viver. Poderá, também, entender esse novo momento para melhorar os hábitos alimentares, descobrindo prazeres nos alimentos e em seus rituais e, ainda, mediante novas descobertas tecnológicas (micro-ondas, *freezer*, informática, entre outros) que proporcionarão dias com mais satisfação e vontade de viver. Esta é uma meta fundamental que persigo, como educadora, para contribuir para uma qualidade de vida para a pessoa idosa.

Os hábitos responsáveis por automatismo de comportamento precisam ser identificados por quem os ensina e por quem os aprende. O prazer e a satisfação proporcionados pelo alimento estão sempre em construção, apresentando evoluções para uma nova aprendizagem e, consequentemente, uma vida saudável. O compartilhar do conhecimento dos novos saberes adquiridos na cozinha, contribui para outras invenções, novas formas de expressão e reconstrução da própria existência. Por isso as perguntas: O que significa o sabor e o saber para a pessoa idosa neste momento especial de sua vida? Em que o novo saber está contribuindo para com a sua vida e o seu bem-estar?

Essa maneira não formal, de ensino e de aprendizagem, numa prática interdisciplinar, onde o dialogar das áreas de nutrição, gastronomia e etiqueta à mesa podem despertar, nas várias culturas das pessoas que participam, certo estímulo e desejo de conhecer mais. Isso perpassa pelos olhares disciplinares, entre as diversas epistemologias, entre a realidade interior do ser humano e a realidade exterior. Tudo pode ser um momento prazeroso e inesquecível.

Exemplificando o processo, podemos citar o *fondue* que com uma mesa montada com toalha, pratos, talheres, taças, *rechaud* e guardanapos, derrete-se o chocolate. De forma simples, juntam-se o leite ou o creme de leite e o suco de fruta ou um bom vinho, mexendo tudo e servindo com frutas frescas e coloridas. Surge o desejo de aprender, misturado com uma boa conversa e muita risada. Pois isso faz parte do cardápio. Isto é vida!

Ao utilizar a educação não formal para os idosos (pessoas com 60 anos ou mais), se pensa em um parâmetro: ensino/aprendizagem/multiplicador. Por exemplo: Seguindo o preparo do *fondue* acima, o aluno idoso passa a ser um multiplicador quando chega a sua casa ou à casa dos seus filhos e netos e consegue reproduzir o que foi dado em aula, podendo vir a ser novamente produzido pelos que degustarão e desfrutarão os rituais das iguarias servidas. Como diz Paulo Freire, em seu livro Pedagogia da Autonomia (2005, p. 47), *"o ensino criou possibilidades para a sua própria produção ou construção de saber".* O foco do processo de aprendizagem é a prática adquirida no decorrer da vida, procurando levar em conta as transformações, o que não impede de os idosos desfrutarem um tempo que virá, acumulando saberes que possam ser garantia de um bom futuro em todos os sentidos.

É sempre importante pensar na eficiência da preparação do alimento, que, para o idoso, receitas simples são mais fáceis de serem aprendidas e reproduzidas. Outra questão é o tempo no fogão. Muitas vezes, acaba desestimulando o seu interesse, que pelo cansaço da vida ou por problemas de saúde, não lhe possibilita passar longas horas em pé, preparando o alimento.

É importante lembrar que a metodologia de transmissão e de construção de novos saberes não pode ser garantida. No entanto, quando os idosos nos contam as suas experiências, é sempre algo positivo e prazeroso. Muitas vezes, o conhecimento apreendido é reproduzido por quem foi convidado para a refeição em sua casa. Nessa fase de apropriação, estamos trabalhando não só a receita, mas também a memória, os hábitos de cultura, a socialização, a nutrição, a gastronomia e o desafio do novo.

Vale mencionar o artigo da autora Irene Gaeta Arcuri,[24] as experiências de ser produtivo, ainda que não financeiras, mostram que a vida emocional pode adquirir uma característica inspiradora com a prática da criatividade, proporcionando à pessoa idosa a percepção da realidade interna, num rompimento do tempo e do espaço. O texto mostra que o mundo das cores, dos sons e da literatura amplia a consciência humana, levando o ser a uma nova experiência de si próprio, isto também percebemos em nossas aulas com os nossos alunos.

Na educação não formal há a intencionalidade dos sujeitos criarem ou buscarem determinadas "certificações e/ou diplomas". Não há fixação do tempo de aprendizagem, ocorrendo um respeito às diferenças individuais no processo de absorção e reelaboração dos conteúdos transmitidos. Mas o importante é que ela ocorre, e os resultados

---

[24] CÔRTE, Beltrina; MERCADANTE, Elisabeth F.; ARCURI, Irene G. *Envelhecimento e velhice.* São Paulo: Vetor Editora Psicopedagógica Ltda, 2006, pp. 157-164.

previstos são relatados com elogios, utilizando, então, a educação não formal e seu conteúdo, como proposta diferenciada enquanto formas de ensino e de aprendizagem, em local e hora determinados. Portanto, na educação não formal haverá sempre uma aprendizagem por meio da prática social (por exemplo, no convívio à mesa), uma aprendizagem mediante os trabalhos coletivos com conhecimentos gerados pelos alunos, por meio da vivência de situações-problema e levados para dentro do tempo de aula, marcado por elementos da intersubjetividade.

As aulas de gastronomia, nutrição e etiqueta à mesa são ministradas com dinâmicas de grupo, aulas expositivas e interativas, favorecendo um novo aprendizado tanto para os alunos, como para o professor. Há um envolvimento afetivo-emocional, em que a cada aula há "um evento" com um tema que envolve um alimento, que ele já conhece e prepara, mas com uma nova forma de prepará-lo e apresentá-lo, assim como saboreá-lo. O idoso aprendendo a viver com a novidade.

É necessário, também, aprender a conviver com as incertezas que a vida nos proporciona, já que vivemos em uma época de tantas mudanças. Temos de ter em mente que o impossível torna-se possível e que a *"vida é um jogo a ser vivido em sua plenitude"*, não importando a idade. O idoso é um aprendiz como é também a criança, o adolescente e o adulto, mesmo com as inevitáveis transformações que não escolheu, mas que aconteceram e acontecem por força da natureza humana.

2.3. O SENTIDO DA SIMPLICIDADE DO SABER

Para discutir sobre interdisciplinaridade, temos de nos remeter à Professora Dra. Ivani Fazenda (2008), que nos define interdisciplinaridade como atitude de ousadia e busca frente ao conhecimento. Isso envolve a cultura do lugar em que se formam os professores e onde os alunos habitam, como habitam e porque habitam, o que nos leva a reportar-nos ao professor e a sua formação referindo-se às disciplinas e currículos, nas dimensões do sentido, da existência, da intencionalidade e da funcionalidade. Alerta-nos sobre cuidados ao relacionar esses saberes ao espaço e tempos vividos pelo professor e os conceitos por ele aprendidos que direcionam essas ações, bom-senso e a coerência entre o que diz e o que faz.

Outro aspecto teórico e prático nas pesquisas sobre interdisciplinaridade refere-se a questões como estética do ato de apreender, espaço do apreender, intuição no ato de apreender, tempo de apreender e a importância simbólica ao apreender. Vivenciar essas questões com aulas para idosos é muito significativo. A interdisciplinaridade na educação pode ser vista, não só como prática empírica, mas da análise detalhada dos porquês, da prática histórica e culturalmente contextualizada. Nesse sentido, deve se pensar numa profunda imersão nos conceitos: escola, currículo e didática, observando a historicidade desses conceitos, com relação às potencialidades, e os talentos dos saberes, requeridos de quem estiver praticando ou pesquisando, em que o ato profissional de diferentes saberes construídos pelos professores não se reduz apenas a saberes disciplinares.

Nas suas obras, Ivani Fazenda, sintetiza princípios como: espera, coerência, humildade, respeito e desapego sob um olhar multifacetado e atento sobre pesquisas a respeito de interdisciplinaridade ou transdisciplinaridade, acompanhados de questionamentos como: Quem sou eu? Por que estou aqui? O que desejo dos meus alunos? Esses princípios são fundamentais para o professor que precisa desses questionamentos para desenvolver um trabalho mais seguro, honesto e prazeroso.

Considerando o "ser professor", relacionado com o descrito pela Professora Dra. Ivani Fazenda (2003), quando coloca que: *"a linguagem interdisciplinar nasce de uma linguagem disciplinar e que a linguagem é a expressão de um pensamento sobre fatos".* Busco aproveitar dessa afirmação para refletir sobre as aulas nas faculdades da terceira idade e sua relação com alimentação, nutrição e acolhimento à mesa, em que os alunos nas suas apresentações e afirmações mostram-se capazes de aprender algo novo. O mais importante é transformar essa aprendizagem em hábitos que possam melhorar sua qualidade de vida.

Pensando em Paulo Freire, a educação é ação cultural para a liberdade, ou seja, é um ato de conhecimento no qual o aluno assume o papel de sujeito do conhecimento, por meio do diálogo com o educador. Havendo uma sucessão constante do saber, de tal forma que todo novo saber, ao instalar-se, aponta para o que virá substituí-lo (FREIRE, 2005, p. 77).

Há uma aplicabilidade dessa teoria de Paulo Freire, em aulas com alunos da terceira idade, em que demonstra experiências com aulas de gastronomia em que os alunos por meio de pesquisa em livros, internet, revistas, etc. têm como desafio apresentarem (a busca) de forma própria, pessoal e sendo sujeito do próprio conhecimento. Essas aulas favorecem o diálogo com o professor e com seus colegas de classe; formando assim um novo saber, compartilhando e dividindo com todos.

A ação do professor é incentivar os alunos a respeito do assunto pesquisado, numa relação de reciprocidade, havendo com isso uma parceria entre educando e educador, sujeitos de uma mesma situação. Isso pode se compreender como interdisciplinaridade, em que o ato de educar exige envolvimento, escuta e espera.

Nesse sentido, há a preocupação não com a disciplina, mas com o educando, enquanto ser no mundo, como uma obra aberta a construir-se. Não o conhecimento como algo absoluto, mas um homem com um constante vir a ser, e, como tal, numa temporalidade *cronos* e *kairológica* em uma historicidade. A visão que cada um tem de seu próprio conceito, relacionada a sua vivência, em seu nível de consciência, curiosidade e busca.

Num programa disciplinar para a terceira idade, temos que considerar essa dinamicidade da pessoa idosa como um ser pensante e ativo. Lembrando que a interdisciplinaridade conduz o especialista educador a reconhecer os limites do seu saber para acolher as contribuições das outras disciplinas e sujeitos envolvidos.

Considerando-se o professor um historiador, temos que: *"o historiador mais velho tem, junto dos mais novos, considerados estes mais criativos, um papel de escutar, acolher, encorajar, sonhar em voz alta e despertar paixões",* como indica Fazenda (1983, p. 79). Assim sendo, a sala de aula é o lugar em que a interdisciplinaridade habita. Todos se pertencem e gradativamente se tornam parceiros; nela aprendemos e ensinamos o que se pressupõe um ato de perceber-se, constituindo a simplicidade do saber saber, saber fazer e saber ser.

2.4. UMA VIVÊNCIA INTERDISCIPLINAR NA EDUCAÇÃO DOS SENTIDOS

> *Os sentidos são os órgãos por meio dos quais o homem se põe em relação com os objetos exteriores.*
> Brillat Savarin

Se pensarmos novamente nos primeiros momentos da existência do gênero humano, poderíamos imaginar as primeiras sensações do homem, foram puramente diretas, como cita Savarin, (1995, p. 34): *"O homem viu sem precisão, ouviu confusamente, cheirou sem discernimento, comeu sem saborear, e gozou com brutalidade".* Essas sensações estão centralizadas na alma e foram refletidas, comparadas, julgadas e o homem, convivendo com o outro procurou seu bem-estar e evoluiu. E, ainda mais, *"o tato retificou os erros da visão, o som por meio da palavra tornou-se o intérprete de todos os sentimentos, o gosto buscou auxilio na visão e no olfato, a audição comparou os sons, apreciou as distâncias e o genésico[25] invadiu os órgãos de todos os sentidos".*

Relacionando hábitos alimentares aos sentidos, sabemos que estes têm raízes profundas na identidade social dos indivíduos e que os homens comem como a sociedade os ensinou. Os hábitos alimentares estão interligados desde a infância por meio de regras e restrições. Podemos citar Gilberto Freire[26]:

Pois a verdade parece ser realmente esta: a das nossas preferências de paladar serem condicionadas, nas suas expressões específicas, pelas sociedades a quem pertencemos, pelas culturas de que participamos, pelas ecologias em que vivemos os anos decisivos da nossa existência.

Uma das características humanas é ter gostos e aversões a certos alimentos considerados desagradáveis. Porém, quando adulto, pode acabar provando e possivelmente até gostando de alimentos que pareciam desagradáveis na infância, à medida que suas experiências gustativas se ampliam e em decorrência também de uma evolução, mostrando que o desenvolvimento do gosto é eclético.

Uma ação educativa, por meio de degustações valoriza os sentidos (visão, olfato, audição, tato e paladar) e a percepção. Enfatizamos os alimentos com menos sal, menos gordura, valorizando as ervas naturais que aguçam nossas

---

[25] O genésico referia-se a tudo que pode preparar ou embelezar a união dos sexos.

[26] FREIRE, Gilberto. *Açúcar*. São Paulo: Ed. Companhia das Letras, 1997, p. 25.

papilas com sabores ainda não conhecidos. Entendemos que as ações interdisciplinares visam a sua preservação, manutenção ou promoção na direção de possibilidades da qualidade de vida daqueles que envelhecem.

Buscamos pensar na alimentação e nutrição, como requisitos básicos para a promoção e a proteção da saúde, que possibilita a afirmação plena do potencial de crescimento e desenvolvimento com qualidade de vida e formação da cidadania.

Passaremos a discutir os diversos sentidos na ação educativa. Acreditando que todos os nossos sentidos podem ser educados, todos são dependentes e todos são importantes.

Muitas pessoas pensam que o gosto é o único sentido verdadeiramente importante quando se come e se desfruta o prazer dos alimentos, entretanto, durante a degustação utilizamos todos os cinco sentidos, bem como a percepção. Os sentidos são instrumentos que empregamos para avaliar os alimentos e a sua qualidade, ao mesmo tempo que deles retiramos o prazer e a emoção. É evidente que nos agradam os sabores daquilo que comemos, mas também e, sobretudo, o seu aroma e a sua aparência. Basta pensar num café cremoso!

Pense na importância das sensações táteis que experimentamos na boca quando apreciamos, por exemplo, a cremosidade de um *mousse*. A satisfação que sentimos quando mordemos uma castanha crocante. Isso se deve, em parte, também a nossa audição. E a visão? Com certeza, a primeira coisa que fazemos ao vermos um brigadeiro é admirá-lo. Ao observá-lo atentamente avaliamos corresponde as suas características típicas: crocante por fora e cremoso por dentro. Com a visão, fazemos, também, uma avaliação estética do alimento. Por exemplo: uma decoração em um bombom de chocolate. Os queijos, quando os compramos, avaliamos seu aspecto agradável ou desagradável. Os degustadores, por profissão, como um *sommelier* ou um provador de café, utilizam seus sentidos para avaliar a qualidade do alimento. São análises preliminares, por exemplo, observar a cor de um vinho para obter indícios sobre a sua juventude ou maturidade ou tocar um queijo com a ponta do dedo para apreciar a sua consistência (textura). O olfato pode fornecer informações ainda mais ricas, detalhadas e estimulantes sobre as características dos alimentos.

Assim como os demais sentidos, o olfato tem grande importância em nossas vidas. O olfato está intimamente relacionado ao paladar, e o papel do controle cultural na percepção olfativa é igualmente importante. Odores desconhecidos, da mesma forma que paladares novos, são muitas vezes repelidos.

O olfato é um sentido que pode evocar recordações e suscitar emoções, mesmo sendo considerado no homem como um sentido de pouca utilidade, em oposição aos animais em que é de importância fundamental para encontrar o alimento, para fugir dos predadores e para receber os estímulos de acasalamento.

No entanto, estima-se que o homem seja capaz de distinguir entre 10 mil odores diferentes, graças ao seu órgão olfativo localizado na cavidade nasal, mesmo que a concentração das substâncias odoríferas no ar seja apenas de algumas moléculas por milhar. (SLOW FOOD, 2008)[27]

Este sentido, tanto nos animais como nos humanos, serve para avaliar os alimentos antes de prová-los e mesmo vê-los. O cheiro do bom alimento abre-nos o apetite e os odores repulsivos podem nos causar náuseas ou se manifestar de outras maneiras, causando experiências traumáticas. Podemos compará-lo ao gosto que é, via de regra, transmitido culturalmente, podemos citar como exemplo os povos asiáticos apreciarem muito mais "o ardido das pimentas" do que os povos ocidentais, que desenvolveram o olfato e suas papilas gustativas diferentes de outros povos.

O olfato tem ainda a função de auxiliar o homem na sua sobrevivência. Pois dentre todos, os mamíferos é o ser mais adaptável em relação à escolha e à ingestão dos alimentos.

Referindo-nos a odores, o olfato contribui com as grandes dificuldades de reconhecimento específico, sendo possível classificar a tipologia dos odores identificando as famílias a que pertencem: odores de flores, de frutas, defumados, entre outros. Isto se deve ao fato da nossa memória olfativa ser pouco ou muito estimulada e treinada. Automatizamos nosso olfato no dia a dia, quase nunca o utilizamos de uma forma analítica, observadora

---

[27] SLOOW FOOD. Até as Origens do Sabor. Terra Madre. Turim, 2008. (Encontro mundial da comunidade dos alimentos.)

para reconhecer as sensações olfativas que nos atingem, apesar de gostarmos de dizer que aquela pessoa tem um cheiro. Gostamos de identificar as pessoas pelo cheiro. Por exemplo, as características diferentes de um idoso, inclusive de uma pessoa que bebe, ou que fuma ou de um cozinheiro. Independentemente da cultura, observamos estas características básicas, mas nem sempre nos damos conta disso.

Ao utilizar todos os sentidos no ensino das disciplinas é fundamental considerar as vivências, história de vida e a identidade dos que estão aprendendo.

Em uma relação educador, educando e conteúdo (nutrição, gastronomia, química, matemática, entre outras) são necessárias as vivências com experiências sobre os assuntos abordados para dar significados a sua vida.

O alimento tem grande força emotiva que age como estímulo fisiológico e tem o poder de alterar várias reações no organismo, por exemplo: respiração, salivação, muitas vezes, pressão arterial, reações psicológicas de prazer, prestigio, aparência, saúde ou de personalidade. Por meio dessa vivência, o aluno se conscientiza e se apropria de conhecimentos básicos que passará para os outros familiares, amigos ou pessoas de convívio, procurando alimentar-se com mais critério para qualidade de vida e longevidade. Integrando saberes, disciplinas e inter-relacionando-as mediante o diálogo e escuta. Com resultados positivos da vivência (degustações) podemos perceber que essa dinâmica faz a diferença na educação.

2.5. GASTRONOMIA: TEORIA E PRÁTICA

> *A gastronomia é um ato de nosso julgamento, pelo qual damos preferência às coisas que são agradáveis ao paladar em vez daquelas que não têm essa qualidade.*
>
> Brillat Savarin

Gastronomia significa, etimologicamente, estudo ou observância das leis do estômago. Segundo o dicionário Aurélio[28], gastronomia é a arte de cozinhar de modo que se dê o maior prazer a quem come. Enquanto gastrônomo define-se como aquele que é amante das boas iguarias. Gastronomia, de forma simples, pode se dizer que é o estudo da relação entre a cultura e a comida e daí surge todo o desenrolar do conceito.

O termo gastronomia tem sido empregado referindo-se tão somente ao ato de cozinhar, às artes culinárias. Essa arte de cozinhar não se pode resumir a uma simples mistura de ingredientes. É preciso combinar os diferentes ingredientes, ainda que comuns, de modo que, ao se juntarem, resultem num sabor original. Dizemos que a gastronomia é só o inicio do fio do novelo de uma ciência que une componentes culturais tão diversos tendo como agulhas, prazer e carinho.

Nos dias de hoje, outra palavra popular, é *gourmet* que significa, além de consumidor avisado e interessa-

---

[28] FERREIRA, Aurélio Buarque de Holanda. *Minidicionário da Língua Portuguesa*. Editora Nova Fronteira, 1988.

do em tudo que bebe e come, pessoa que aprendeu a degustar prazerosamente os alimentos, sabendo avaliá--los segundo critérios que vão além dos alimentos, suas técnicas de preparo, apresentação, equilíbrio, sabor, entre outros, inclusive a socialização. O *gourmet*, ao escolher algo para beber e comer degustará prazerosamente sua escolha, transcendendo uma mistura de cultura, tradição e curiosidade pelo novo.

A gastronomia está presente desde remotas eras, mas, nem sempre bem interpretada. É julgada como "coisa" de elite e sofisticada, portanto, para poucos. Talvez por resquícios da história, do período Napoleônico ou da época de Luís XVI, quando o conceito "burguês" da mesa era corrente nos países europeus, como, também, por questões econômicas e sociais.

Descobrir, degustar, pesquisar, experimentar, cuidar, estudar, compreender, escrever são atividades ligadas à gastronomia. É a comida, o alimento que envolve a saúde, os desejos, o aspecto psicológico, os sentimentos, as artes, a literatura, como, ainda, a química, a matemática, a historia, a antropologia, a agronomia, a biologia, a sociologia, a filosofia e muito mais!!! Ela é surpreendente!

Savarin Brillat[29] informa que há indivíduos a quem a natureza recusou uma delicadeza ou uma capacidade de atenção e percepção, sem as quais as iguarias mais gostosas passam despercebidas.

---

[29] SAVARIN, Brillat, idem, p. 147.

O estudo da fisiologia já reconheceu a variedade de sabores, mostrando-nos que a percepção gustativa varia de indivíduo para indivíduo e de cultura para cultura.

Quando começamos a compreender a gastronomia, nunca mais somos os mesmos. O olhar quando vê um prato bonito, uma mesa bela, repleta de quitutes, preparada para uma recepção tem um *making off* imediato daquela preparação toda. Vários questionamentos suscitam: Que ingredientes foram colocados naquele prato? O porquê daquela escolha? Quais foram as técnicas de preparo?

Encontramos na gastronomia e na culinária em geral os vestígios das trocas culturais entre os povos. Como as outras artes, a gastronomia e a culinária não são estáticas. A história de sua evolução difere segundo a área geográfica, a cultura e as épocas. As transformações da economia têm repercussões e influenciam a culinária e os hábitos alimentares, assim como a estrutura doméstica.

Savarin (1995, p. 143) explica que a gastronomia é um dos principais vínculos da sociedade; é ela que amplia o espírito de convivência, que motiva os esforços que todo anfitrião deve fazer para acolher seus convidados. Lembrando, também, que a hospitalidade necessita de elogios explícitos e de um louvor delicado na vontade de agradar.

A gastronomia mundial hoje tem forte tendência em valorizar os produtos locais e sazonais, porém, sem perder o foco nos produtos importados e nos trazidos pelos avanços da tecnologia relacionados à agricultura, à indústria, à comunicação e outros.

Com esses olhares e com toda a curiosidade estimulada para a arte de cozinhar, fica difícil não se apaixonar pela gastronomia. A partir da prática de professora na área de gastronomia, notamos nas aulas e nos cursos oferecidos, que muitas pessoas se envolvem prazerosamente com essa arte do saber e sabor, com os alimentos.

O prazer à mesa é próprio da história da espécie humana; pressupõe cuidados preliminares com a escolha de alimentos, local, especialidades, a quem estamos preparando para agradar, portanto, envolve muitos sentimentos. Após uma boa refeição, o corpo e a alma gozam de um bem-estar especial.

Sabe-se de todo *glamour* que a sociedade atribui quando o assunto é preparar a mesa para refeições especiais. Há uma preocupação com os acessórios fundamentais como toalhas, talheres, taças, vasos, ornamentação com flores; além dos locais em que as refeições serão servidas, como: jardins ao ar livre, bosques; enfim, consideram-se as maravilhas da natureza em geral. Busca-se atenção especial aos mais requintados detalhes, como os encantos da música coroando o prazer de alimentar-se e celebrando inesquecíveis momentos.

2.6. SABOR E GOSTO

Segundo o dicionário Aurélio (1986), **sabor** vem do latim *sapore,* singular, masculino. Está relacionado com a impressão que as substâncias *sápitas* produzem na língua. É a propriedade que têm substâncias de impressionar o paladar, o gosto. Está relacionado, também, com a qualidade comparável a qualquer coisa agradável ao paladar; como, ainda, a qualidade, tom, caráter: estilo de sabor clássico; palavras de sabor amargo. O sabor pode ser usado na espécie, gênero, natureza: *"agrada-me aquele sabor de poesia"* ou *"é bom velejar ao sabor do vento"*, ou, ainda: *"ao sabor da maré. Ao acaso, à sorte; à ventura"*. É visto no espírito das histórias, escritas ou contadas, como na vivência dos sabores dos caprichos. Mas, neste estudo, a ênfase do sabor está relacionada com os seres humanos, representados por todos os seus sentidos.

O que significa saborear? Não está apenas no sentido de "dar sabor a..." A sensação de comprazer-se, deleitar-se, regozijar-se tem a ver com todo o ser. Algumas pessoas comem lentamente, com gosto, para sentir melhor o alimento. Algumas pessoas são peritas, especialistas em contribuir e causar bom sabor ao paladar. Pode-se afirmar ainda que "a baunilha saboreou o bolo". De forma metafórica, pode-se ainda usar a palavra saborear na literatura como: *"Começou a vê-la, saboreou a confusão da moça, os medos, a alegria, a modéstia, as atitudes, quase implorativas, um composto de atos e sentimentos que eram a apoteose do homem amado"* (Machado de Assis, *Quincas Borba*, 1997, pp. 237-238).

O ato de tornar agradável e apetitoso um alimento contribui com o saborear prazeroso. Ainda, o indivíduo pode dizer que: *"após trabalhar anos sem descanso, saboreava aquelas férias a beira-mar"*, na forma de regozijar-se, deliciar-se, deleitar-se, gloriar-se ou ufanar-se, como ainda: "saboreou a vitória ou a derrota do time de sua vida". A visão de apetecimento de algo traz satisfação sempre e pode-se dizer "leigamente" que a pessoa está bem, pois quando o indivíduo sofre qualquer problema com o estômago, por exemplo, alguma indigestão, não consegue sentir o "cheiro da comida" que já passa mal.

Saboreável é algo que pode ou deve ser saboreado, já saboroso é algo que tem bom sabor ou gosto; gostoso, deleitoso, agradável, saborido.

De acordo com um artigo publicado pela Universidade Tecnológica Federal do Paraná, 1998, define-se sabor como uma propriedade das substâncias que afetam o sentido do paladar. As características do sabor e do odor são consideradas em conjunto, pois geralmente a sensação de sabor decorre da combinação de gosto e odor.

O Instituto de Química da Universidade Estadual de Campinas, em 1985, definiu sabor como uma sensação. Qualquer sensação começa com um estímulo. No caso do sabor, esse estímulo é entendido como uma determinada molécula que, quando em contato com receptores localizados na língua, fazem com que eles enviem mensagens ao cérebro, cujos neurônios transformam o estímulo em sensação. Somos capazes de reconhecer quatro sabores básicos: azedo, amargo, salgado e doce. Por exemplo, um estímulo para o sabor salgado é o NaCl (cloreto de sódio ou sal de cozinha) e para o sabor azedo o estímulo pode ser um ácido orgânico ou inorgânico. Já para o sabor doce, o estímulo pode ser um adoçante ou um açúcar.

Durante muitos anos acreditou-se que os sabores base fossem quatro e isso ainda está escrito em muitos manuais escolares. Mas as pesquisas científicas, iniciadas a partir do fim dos anos 90, têm permitido identificar cinco tipos diferentes relativos aos sabores: doce, amargo, ácido, salgado e *umami* (uma palavra japonesa que significa literalmente "sabor delicioso"). O *umami* corresponde à sensação gustativa devido à presença de dois aminoácidos que compõem a proteína: Glutamato e Aspartato e que se pode descrever como o sabor "carne". O Glutamato monossódico é utilizado como intensificador de sabor em muitos alimentos, especialmente nos cubos para caldos.

É sabido que quando comemos, as substâncias dotadas de sabor entram em contato com os receptores do sabor na língua e no palato.

As substâncias dotadas de odor contidas nos alimentos tendem, por sua vez, a libertar-se impregnando o ar circundante. Os aromas de um alimento ou de uma bebida também são respirados durante a mastigação e ingestão. A boca e o nariz estão em comunicação, o gosto e o olfato trabalham em conjunto para interpretar as características dos alimentos e bebidas.

Quando a pessoa está constipada ou com o nariz tampado a percepção completa do sabor dos alimentos é muito reduzida, porque o olfato está quase fora de ação. A mucosa da cavidade oral está, também, repleta de terminações nervosas de forma a ampliar as sensações de tipo tátil, relacionadas com a consistência, granulosidade, viscosidade, entre outras características organolépticas.

A língua aloja diversos tipos de papilas gustativas. Na sua superfície estão alojados os bulbos gustativos: grupos de células especializadas dotadas de receptores para cada sabor. Quando os receptores se combinam com as moléculas presentes no alimento como, por exemplo, o açúcar, gera-se um impulso elétrico que é transmitido ao cérebro para procedimentos definitivos.

O número de receptores para o sabor é um pouco diferente de caso para caso: para o sabor ácido existe apenas um receptor, o doce e o *umami* são detectados por três receptores combinados, enquanto para o amargo existem trinta receptores diferentes.

A preferência pelos alimentos doces tem um significado evidente pela busca de alimentos com um alto teor calórico; já no caso do *umami* para alimentos ricos em proteínas e nos salgados derivado da necessidade de ingerir certa porção de sais minerais. Alguns povos, por exemplo: os franceses preferem doces com menor teor de açúcar aos brasileiros.

Identificamos, ainda, sensações como estaladiço, grumoso, esponjoso, liso, áspero, granuloso, viscoso, entre outros. Essas sensações devem-se a terminações nervosas localizadas em algumas papilas que fornecem informações sobre a consistência e a textura dos alimentos.

É importante, também, lembrar o papel da mastigação para a definição mais apurada dos sabores. Durante a mastigação podem identificar-se, também, sensações auditivas que nos sugerem, por exemplo, que um determinado alimento é estaladiço ou crocante.

Quando a proposta é melhorar o gosto, temperar o alimento, faz-se necessária uma diferenciação entre os conceitos de gosto e de sabor. Apesar de não haver uma diferença real no uso coloquial desses conceitos, acreditamos que a sua diferenciação neste trabalho pode beneficiar a compreensão dos processos de escolhas alimentares. Uma definição fisiológica direta do conceito de gosto se refere ao estímulo sensorial único da língua, em outras palavras do paladar. Enquanto o conceito de sabor se aplica a *"um estágio do processo degustatório que inclui inputs de diferentes modalidades, por exemplo, do olfato"*.[30] Assim, sabor pode ser considerado uma representação do gosto mais avançada e talvez mais refinada. Pode-se então dizer que a experiência degustatória é mais bem representada como *"um contínuo de sensações do que por categorias discretas"*[31]. Obviamente, não queremos restringir os conceitos de gosto e de sabor a uma experiência puramente sensorial, especialmente levando em consideração que o objetivo aqui não é identificar processos puramente fisiológicos, mas, sim, a interação dos últimos com esferas socioculturais e econômicas. Todos esses fatos são considerados na escolha dos temperos.

A utilização de um conceito fisiológico é apenas o primeiro passo para abordar o "gosto" como uma experiência unificada, que inclui representações culturais, a estrutura da vida cotidiana e as esferas socioeconômicas. Assim, pretendo usar a diferenciação entre gosto e sabor apenas quando for útil para a discussão do papel do último nas motivações de escolhas e preferências alimentares.

2.6.1. Encontros de Sabores e Sensações

Quando discutimos a mistura de vários sabores, podemos verificar efeitos de potencialização recíproca, como no caso dos sabores ácido e amargo, ou de atenuação, como entre o doce e o amargo ou ácido, ambos

---

[30] ROLLS, 1997: p. 46, *in: Revista de Antropologia*, 2001.

[31] MACBETH & LAWRY, 1997: p. 2, *in: Revista de Antropologia*, 2001.

atenuados pelos açúcares, com maior sensibilidade de pessoa para pessoa.

Os hábitos ou o uso frequente de uma substância dotada de sabor causam adaptação, fenômeno que ocorre também no olfato e no tato: com o passar do tempo a percepção da intensidade do estímulo diminui.

Com relação à intensidade da percepção de um sabor é maior se está presente ao mesmo tempo um aroma, especialmente se os dois são compatíveis (exemplo: doçura e aroma). Mas também é válido o oposto, a percepção aromática é mais intensa em presença de um sabor compatível e que o harmonize.

Uma sensação diferente do gosto é provocada por alimentos como a alcachofra e frutos verdes (caqui, pêssego e banana) ou bebidas (como o chá e vinho tinto). Esses contêm substâncias como os taninos, que reduzem a taxa de lubrificação da saliva fazendo com que a boca pareça áspera, seca e empastada. Essa sensação é denominada de adstringência.

Aqui não mencionaremos os sentidos do ser humano quando afetados pela mídia escrita e falada ou que tenha influências psicológicas. Sabemos, entretanto, que nossos sentidos, incessantemente, são estimulados pela propaganda, abrindo novas tendências e experiências para os mais diversos setores do "consumismo".

Ainda observamos que, na última década do século XX, a comida abriu portas para novos desejos, profissões, objetos de consumo, forma de relacionamentos, cerimônias de agregação, obras literárias e cinematográficas. Tornando-se cada vez mais evidente que, sob o domínio da linguagem, dos sentidos e da mídia já considerada, o comportamento de se alimentar extrapola o âmbito da necessidade, da sobrevivência e da nutrição, construindo-se novas ideias e novas crenças atingindo e penetrando na vida das pessoas, o que reflete a importância do conhecimento e da diversidade de sensações causadas.

Em um artigo da Revista Kairós,[32] (pp. 51-69) as autoras Valcilene Pinheiro da Silva e Carmen Jansen de Cárdenas pesquisaram a comida e a sociabilidade na velhice mostrando que esta *"é um elemento-chave para o gozo e bem-estar na velhice, por estar impregnada de afeto, emoção, alegria e sociabilidade".* Disseram que a nutrição adequada é de suma importância para os indivíduos dentro da estrutura de seu sistema de valores, pois só assim a comida poderá ser fonte de alegria, prazer e satisfação mesmo com restrições alimentares.

Concluindo, podemos dizer que a arte de cozinhar por meio das técnicas de preparo e manuseio, em que processamos, combinamos e degustamos os alimentos, pode despertar emoção, prazer, qualidade de vida e satisfação em um novo saber com sabor e melhores dias vividos. Para tanto é necessário uma pitada de carinho, afeto e amor. Pois, o *glamour* pode estar na exuberância das cores e das formas, ou seja, nas propriedades externas, mas o mistério se encontra na simplicidade do saber e do sabor, e esta só pode ser encontrada na alma, na intersubjetividade do ser.

---

[32] RESVISTA KAIRÓS. Gerontologia, v. 10, nº 1, NEPE – Núcleo de Estudos e Pesquisa do Envelhecimento. Programa PUC-SP. Ed. Educ. jun., 2007. pp. 51-69.

REFERÊNCIAS BIBLIOGRÁFICAS

ASSIS, Machado de. *Quincas Borba*. Rio de Janeiro: Nova Aguilar, 1994.
CÍCERO, Marco Túlio. *Saber Envelhecer*. Porto Alegre: L&PM Pocket, 1997.
CÔRTE, Beltrina; MERCADANTE, Elisabeth F.; ARCURI, Irene G. *Envelhecimento e Velhice*. São Paulo: Vetor Editora Psicopedagógica Ltda., 2006, pp. 157-164.
DIÁRIO DO GRANDE ABC. Blog Sabor & Saber, 2008.
FAZENDA, Ivani. *Interdisciplinaridade: qual o sentido?* São Paulo: Paulus, 2003.
_____. [Org.]. *Práticas interdisciplinares na escola*. 11ª ed., São Paulo: Cortez, 2008.
_____. [Org.]. *O que é Interdisciplinaridade?* São Paulo: Cortez, 2008.
FERREIRA, Aurélio Buarque de Holanda. *Minidicionário da Língua Portuguesa*. São Paulo: Editora Nova Fronteira, 1988.
FRANCO, Ariovaldo. *De Caçador a Gourmet – Uma História da Gastronomia*. São Paulo: Editora SENAC, 2001.
FREIRE, Gilberto. *Açúcar*. São Paulo: Companhia das Letras, 1997, p. 25.
FREIRE, Paulo. *Pedagogia da Autonomia*. 31ª ed. São Paulo: Paz e Terra, 2005.
_____. *Educação como Prática da Liberdade*. 14ª ed., Rio de Janeiro: Paz e Terra, 1983.
_____. *Pedagogia do Oprimido*. 17ª ed., Rio de Janeiro: Paz e Terra, 1987.
ORGANIZAÇÃO MUNDIAL DA SAÚDE. JOINT, Who. *Fao expect consultation Diet, Nutrition, and the prevention of chronic diseases. WHO*. Technical report séries 016. Genève, 2003.

PEDROSA, Israel. *Da Cor a Cor Inexistente.* Brasília: Editora Universidade de Brasília, DF, 1982.

PINEAU, Gaston. O Sentido do Sentido. *In*: NICOLESCU, Basarab. *Educação e Transdisciplinaridade.* Brasília: UNESCO, 2000.

SAVARIN, Brillat. *A Fisiologia do Gosto.* São Paulo: Companhia das Artes, 1995.

SLOOW Food. *Até as Origens do Sabor.* Terra Madre. Turim. 2008. (Encontro mundial da comunidade dos alimentos).

GUARNELLI, Ismael. Cores Cor – Uso e abuso. *Desktop Publishing* – Revista de editoração eletrônica, computação gráfica, pré-impressão e multimídia, Expressão Editorial, Itu, SP. Consulta site: www.mundocor.com.br, acesso 11/05/2009.

INCOR. *Cuidados Alimentares para o Coração.* www.incor.usp.br. Acesso em 30/06/2009.

REVISTA DE ANTROPOLOGIA. Print ISSN 0034-7701 doi: 10.1590/S0034-77012001000200002 , v. 44, nº 2, São Paulo, 2001. http://www.scielo.br/scielo.php?script=sci_arttext&pid=S0034-.

REVISTA KAIRÓS. *Gerontologi.*, v. 10, nº 1. NEPE – Núcleo de Estudos e Pesquisa do Envelhecimento. Programa PUC-SP. Ed. Educ. jun., 2007, pp. 51-69. http://www.scielo.br/scielo.php?script=sci_arttext&pid=S0034-.

UNIVERSIDADE TECNOLÓGICA FEDERAL DO PARANÁ. *Odor e Sabor.* Departamento de Química e Biologia – NBR 9896/ 1993. http://pessoal.utfpr.edu.br/colombo/arquivos/OdoreSabor.pdf.

Capítulo 3

A EDUCAÇÃO DOS SENTIDOS NÃO TEM IDADE

Dirce Encarnacion Tavares

Nietzsche já dizia que a primeira tarefa da educação é ensinar a ver. Mas os adultos não poderão ensinar uma criança a ver se forem analfabetos no olhar. Por isso, o educador deve cuidar de seus olhos... *"Cuidado para que o olho não ofusque o olhar"*, diz Japiassu (2006). A educação do olhar é um processo permanente na vida do indivíduo. Podemos, também, afirmar, que a educação dos sentidos depende da forma como o indivíduo vê o mundo. A sua cultura é um fator preponderante, pois é no contexto que o indivíduo vive que iniciará seu ritual do olhar. Mário Quintana em poucas palavras dizia: *"Quem não compreende um olhar tampouco compreenderá uma longa explicação".*

Encontramos poucas discussões sobre o olhar. Parece não ser científico, apenas poético e emocional, mas esse detalhe, aparentemente tão pequeno, produz alterações amplas e significativas. No ambiente escolar, podemos dizer que o olhar do professor produz mudanças no corpo do aluno. O olhar do professor tem poderes, diz Ruben Alves (2002). O olhar do professor tem o poder de fazer a inteligência de um aluno florescer ou murchar. Ela continua lá, mas se recusa a sair para a aventura de aprender.

Qualquer indivíduo de olhar amedrontado e vazio, de olhar distraído e perdido, não aprende. Pode ser que a inteligência da criança, do adolescente, do adulto e do idoso parecendo incapaz de aprender, tenha sido enfeitiçada pelo olhar bruxo de algum professor. Muitos idosos comentam traumas escolares, sofridos quando mais jovens e ainda repercutindo em suas vidas. Sentem medo dos olhares manipuladores, vazios ou sem vida, como também dos discriminatórios ou reprovadores dos educadores até hoje. Por isso, muitos carregam o medo de não conseguir aprender. Recusam-se a olhar.

As discussões de como o adulto e o idoso aprendem ainda não são nítidas. Lenz (*in*: MASETTO, 2003) procura responder a essa questão, dizendo que o adulto aprende *"através da troca de ideias, informações, habilidades e experiências"*, pois a aprendizagem está intimamente associada à experiência e esta é pessoal e única. A interdisciplinaridade ajuda-o a superar a fragmentação na análise e na consideração dos fenômenos.

Mesmo que a vida, em si mesma, possa ser interdisciplinar no cotidiano, muitos ainda não experimentaram conscientemente essa vivência. Por isso, a importância da tomada de consciência e da necessidade de se obter uma formação no sentido de desenvolver uma postura interdisciplinar para se chegar ao autoconhecimento, independente da idade (FAZENDA, 2002).

É pela consciência que tomamos conhecimento de nós mesmos e nos conectamos com o mundo. É por meio dela que se torna possível o emergir no interior de nossa existência. A consciência apresenta-se por meio de signos e expande-se exigindo a interação com outros signos.

Damásio (2000) ressalta dois tipos de consciência e as denomina de simples/fundamental e complexa/ampliada. A consciência ampliada não subsiste sem a consciência central, chamada de simples, por se referir ao presente imediato. Havendo comprometimento da consciência ampliada, a consciência central consegue ser preservada. Sem a consciência ampliada não é possível à consciência central ter ressonância do passado e do futuro. As narrações permitem que as memórias sejam reativadas para fornecer à consciência ampliada as ações da identidade física, mental e demográfica. Como a consciência ampliada se evidencia em diferentes graus e níveis, ela contribui para o ser humano situar-se no tempo histórico individual.

Vygotsky (1988 e 1996) parte da posição de que a consciência *"é a habilidade em avaliar as informações sensórias; em responder a elas com pensamentos e ações críticas e em reter traços de memória de forma que traços ou ações passadas possam ser usados no futuro";* é ainda a vida tornada consciente, e também significativa e subjetiva. Tanto Vygotsky, como Piaget e Wallon, não têm dúvidas acerca das diferenças radicais entre a consciência da criança pequena e a do adulto. Em cada período da vida, mudam-se as relações interfuncionais que conectam a memória a outras funções. A memória não é apenas diferente, mas assume um papel diferente na atividade cognitiva.

A memória é um conjunto de módulos comunicando-se entre si por interfaces, e é preciso melhorar a criação das interfaces por meio da variedade de conhecimentos. Os estudos mostram que, no envelhecimento ou de acordo com a patologia, há uma evolução do acúmulo de microlesões menores ou maiores em diferentes locais do cérebro. Isto explica porque o idoso vai perdendo a memória de forma lenta e progressiva. Implica que o único meio de retardar o envelhecimento é alimentar suas múltiplas facetas, seria manter ativos os campos do conhecimento com leitura, televisão, música, atividades manuais e culturais, da forma mais abrangente possível e, também, na forma saudável de sua alimentação. Ao mesmo tempo em que a memória é forte, devido às numerosas faculdades de compensação, é frágil, dado o caráter modular da maioria de suas capacidades, sustenta Lieury (1997, p. 65) e reconhece ser bastante provável que, com o envelhecimento, ocorra um enfraquecimento da memória, em curto prazo, da unidade central:

Com o envelhecimento, os módulos estão cheios de lembranças (palavras, imagens, fisionomias), mas a morte dos neurônios acarreta esquecimentos esporádicos, o desgaste dos processos bioquímicos diminui a qualidade da memorização, os dois hemisférios (direito e esquerdo) do cérebro têm dificuldade de comunicar-se e as transmissões, por meio de cabos desgastados, de uma região para outra do cérebro tornam-se lentas.

Como educadora e pesquisadora, busquei, por muitos anos, olhar para as histórias de vida de idosos, que cursam universidade, tentando contemplá-los no seu todo, mas, principalmente, como ocorre o processo de envelhecimento em indivíduos ativos. As histórias, apesar de fragmentadas, pois compartimentalizadas, contadas apenas por etapa, mas não menos importante, apresentaram situações interessantes com relação à memória (TAVARES, 2008). Assumi, na pesquisa, como linha teórica principal: a interdisciplinaridade, numa forma de determinação da existência humana na sua organização, integração para a construção da realidade elaborada, no sentido de enxergar o idoso na sua integralidade. Isso implica compreender e, se possível, constituir o perfil do idoso. Como ele se sente em relação aos estudos; como se julga, se compreende e se revela; quais são os seus sonhos e seus ideais. Portanto, o que tem levado os idosos a ingressarem numa universidade, retornando aos estudos, na busca de compreender por que, para quê e como retornaram para a sala de aula. O trabalho baseou-se em pressupostos teóricos de um campo interdisciplinar que reúne educadores, filósofos, psicólogos, sociólogos e gerontólogos para analisar e conhecer como agem, pensam e sentem esses alunos dentro de uma sala de aula, antes, durante e até depois de saírem dela. Se eles são invadidos apenas pelo prazer, pela satisfação de estudar, pelas necessidades, ideais, busca de conhecimento, ou por outros motivos. A pesquisa consistiu ainda em investigar como é o enfrentamento do novo numa idade avançada, os problemas de memória e como os idosos vivem e atuam num mundo tecnológico e globalizado. A questão é se essas situações podem ser realmente compreendidas pelas interpretações reafirmadas pela história oral sobre a história de vida, método utilizado para estudar suas identidades, suas vivências e experiências (BOSI, 1994; THOMPSON, 1998; PINEAU, 2000-2006). Tentei entender como os idosos refletem sobre suas identidades sendo estudantes do ensino superior, sobre os seus relacionamentos com os colegas mais jovens no cotidiano e também consigo mesmo. Analisei também como se desenvolve a sua construção de cidadãos (autonomia e/ou dependência) segundo a ética, como esses fatores interferem em suas histórias de vida e como agem com sua própria identidade na contemporaneidade. Enfim, qual o sentido do conhecimento ao longo da vida.

Com essa pesquisa, pode-se concluir que boa memória depende do exercício contínuo do cérebro, tal como o êxito escolar, da riqueza de informações dos módulos documentais produzidos por esses exercícios. Entendendo, ainda, que o esquecimento é a face oculta do processo de memorização. Como não há um mecanismo único de memória, o esquecimento é, também, variado.

Por meio de testes neuropsicológicos com idosos, Laks (1999, pp. 19-24), concluiu que em alguns itens como vocabulário e quebra-cabeças, os resultados podem até melhorar com a idade, mesmo que o idoso seja mais lento para dar a resposta. Os itens informação, compreensão e semelhança não declinam com a idade, ao passo que o reconhecimento de fisionomias e a memorização verbal, por exemplo, são frágeis, e sofrem um declínio rápido, sublinha Leury (1997, p. 63). Evidentemente, alguns idosos conservam uma boa memória, outros sofrem uma perda acentuada, não só pela idade ou por questões patológicas, mas por falta de um trabalho preventivo. A preocupação com uma vida saudável e com a qualidade de vida também contribui para a longevidade.

Infelizmente, ainda, hoje, são desconhecidos muitos mecanismos do funcionamento da memória e da consciência do idoso. Sabemos que a consciência sempre esteve na fronteira entre o organismo e o mundo exterior, mas não são os processos internos nas estruturas receptoras que se refletem na consciência, e sim o mundo exterior que nela sempre se reflete.

Esses conflitos cognitivos existentes, a tomada de consciência ou a criação de possibilidades de mudanças são vistos por Piaget (1995, p. 30), como mecanismos e processos que vão adquirindo seu significado e se situam com respeito à posição assumida na relação entre o sujeito e o objeto de conhecimento. O processo de transição exprime as reorganizações, buscando significar os processos adquiridos para que haja uma nova adaptação.

Durante a velhice, o ser humano deveria desenvolver atividades que não dependessem tanto do tempo. Seria preciso sedimentar uma cultura para idosos, com interesses, trabalhos, pesquisas, estudos e responsabilidades que tornassem sua sobrevivência digna, completa Bosi (1994).

É vital dar oportunidades aos idosos de participarem assiduamente do mundo em que vivem. A falta de diálogo e de oportunidades é sinal de discriminação.

O educador deve saber que para o indivíduo aprender não há idade e idade não é impedimento para conhecer e lutar sempre. Aprender é viver continuamente em estado de mudança e transformação. A aprendizagem não está reservada a uma determinada idade, mas a todas. Se todos aprendem, e aprendem de forma diferente, a idade não será também um diferencial para o processo ensino e aprendizagem? (CICERO, 1997).

O educador precisa desenvolver um comportamento de maior responsabilidade pelo processo de ensino e aprendizagem, com participação ativa e problematizações nas quais o trabalho de parceria seja uma constante. Deve-se aproveitar o fato de a aprendizagem autônoma ser mais frequente em pessoas com mais idade, com um estilo de aprendizagem independente e com capacidade de tomar decisões. O autoconceito do adulto, como pessoa madura, possibilita essa autonomia (GARCIA, 1999).

Hoje, temos a certeza de que todo momento da vida é propício para a aprendizagem. Tratando-se com o adulto ou o idoso, apesar de pertinente a todas as idades, a atitude e o comportamento do professor só poderão ser de parceria, cooperação, colaboração, com a finalidade de alcançar as metas que deseja conquistar quando se levanta princípios para facilitar a aprendizagem. No caso de adulto e/ou com o idoso, deve haver uma atenção especial: promover a participação; valorizar a experiência e a contribuição dos participantes; explicitar o significado; definir claramente objetivos e metas; estabelecer recursos adequados, eficientes e avaliáveis; criar um sistema de *feedback* contínuo; desenvolver uma reflexão crítica; estabelecer um contato psicológico e adaptar os comportamentos do professor a um processo de aprendizagem próprio de adultos e/ou de idosos. A busca de significado é fundamental para toda a aprendizagem, tanto da criança, quanto do adolescente, do adulto e do idoso, que devem estar capacitados para aprender o sentido na sobrecarga de informações à qual estão constantemente expostos.

Faz-se necessário um esclarecimento acerca das idades das fases da vida, em virtude deste trabalho focar as diferentes idades (VARGAS, 1994). Nos países emergentes, por exemplo, no Brasil, segundo a Organização Mundial da Saúde (OMS), o sujeito com 60 anos está no início da terceira idade:

1ª idade	Infância e adolescência	de 0 a 20 anos
2ª idade	Maturidade – Idade Adulta	de 21 a 59 anos
3ª idade	Sênior ou velhice incipiente	de 60 a 80 anos
4ª idade	Senescência ou velhice hábil e/ou passiva	de 80 a 100 anos
5ª idade	Pós-senescência	acima de 100 anos

Fonte: Pesquisadoras

Para Garcia, a aprendizagem do adulto é mais autônoma e independente, pois ele tem a capacidade de tomar decisões, articular normas e limites da atividade de aprendizagem, como também a capacidade de autogestão e de aprender com a própria experiência, porém, não se trata de uma atividade a ser realizada a sós. Um dado importante ressaltado por ele é o adulto estar mais interessado na aprendizagem a partir de problemas do que na aprendizagem de conteúdos. Isso se justifica em função da noção diferenciada de presente, passado e futuro. Para cada período da vida, a noção de tempo se modifica. O tempo do idoso é diferente do tempo da criança, do jovem e até do adulto, à medida que os idosos evoluem de aplicações futuras do conhecimento para aplicações mais imediatas.

Outra questão importante, a ser salientada sobre a aprendizagem do adulto e do idoso, é que esta é motivada mais por fatores internos do que externos. Este dado interfere na forma de ensinar do professor e é sugestivo na medida em que vem confirmar que os adultos e idosos aprendem, de forma significativa e única, em função de impulsos internos (gosto de aprender, intenção de conseguir resultados) e não por recompensas externas. Porém, não existe apenas uma teoria de aprendizagem de pessoas adultas, mas várias. A que mais se tem comentado parece ser a "andragogia", definida por Knowles (*in*: GARCIA, 1999) como *"a arte e a ciência de ajudar os adultos a aprender"*.

Apesar de entender que o processo de desenvolvimento da aprendizagem ocorre ao longo da vida, de acordo com as teorias da aprendizagem, e não se limita a certas idades, há diferenças significativas em cada momento histórico do indivíduo. No idoso, há uma evolução no desenvolvimento causada por inúmeros fatores, que não é só cognitiva, mas inclui os biológicos, sociais, psicológicos, físicos e históricos. As interações entre esses fatores são tão complexas e podem ocorrer situações em que essas mudanças em diferentes idosos podem ter diferentes causas. Foi ele quem construiu e organizou ativamente a sua própria história pessoal; no entanto, seu desenvolvimento não é apenas em função dos diferentes acontecimentos pelos quais passou ou passa, mas é também em função de um processo dialético entre os múltiplos fatores ambientais e a rica construção pessoal que pode fazer desses fatores.

Kachar (2003) explicita que o educador precisa de paciência ao ensinar. Normalmente, o aluno idoso é mais lento para pensar e desenvolver atividades. Imprescindível, também, é o educador estabelecer um vínculo com o aluno mais idoso, pois necessita angariar sua confiança e afeto. O aluno idoso é, em geral, mais carente e, muitas vezes, sente-se solitário com as perdas que a vida lhe proporcionou. A maioria sofre fisicamente de algum problema. Evidentemente, isso pode contribuir e afetar o seu processo de ensino e de aprendizagem.

Os alunos mais jovens gostam de sentir o "ombro" do professor, mas esquecemos que os mais velhos precisam até do "colo", muitas vezes, pois o retorno aos bancos escolares pode lhes causar recordações e transtornos inumeráveis. Eles também querem se sentir dignos e encontrar ressonância no mestre. Querem se mostrar capazes e que podem dar "longos voos". Segundo Ecléa Bosi (1994). *"Não há evocação sem uma inteligência do presente, um homem não sabe o que ele é se não for capaz de sair das determinações atuais..."* Sua vida encontra significado quando sabe do seu potencial e que pode exercê-lo.

As instituições de ensino devem, dentre outros compromissos, possibilitar a integração de seus saberes nas diferentes áreas. Desenvolver o conhecimento, o aspecto afetivo-emocional, as habilidades, atitudes e valores, ou seja, a aquisição de valores como democracia, participação na sociedade, revisão de valores pessoais, profissionais, grupais e políticos. Enfim, devem propiciar o comprometimento com a formação da cidadania, como exigência da totalidade dessa formação (MASETTO, 2003).

Se considerarmos que a identidade está sempre inacabada e em constante processo de reinvenção, podemos entender que toda idade é propícia para a sua construção e reconstrução, para sua invenção e reinvenção. Importa o indivíduo ter acesso a sua identidade a fim de gerar possibilidades de mudança de uma atitude comum para uma nova atitude, ou seja, atitude de busca de alternativas para conhecer mais e melhor, para viver mais e com qualidade de vida. Isso não só é possível, como é uma exigência do mundo contemporâneo.

Os saberes mudam com o tempo, isto é, são sempre provisórios. Eles nos propiciam um crescimento, afetando também os que nos cercam. Os saberes constituem as nossas identidades e subjetividades. Para o idoso que esteja aberto a mudanças, a novos saberes, haverá transformações significativas mesmo num processo mais lento.

Com o saber, aparece a capacidade de refletir sobre nós mesmos, e a tomada da própria consciência – com todo o seu conteúdo de ideias, imagens e articulações.

Este trabalho seria incompleto sem um olhar interdisciplinar. Não se aprende ou se ensina, sem educar o olhar. O ato de ver não é algo natural, precisa ser aprendido durante toda a vida e é aí que os olhos do olhar vão se abrindo para as múltiplas direções. Portanto, educar o olhar possibilita enxergar além das aparências, é acompanhar o movimento, é contemplar e examinar o mundo do desconhecido. Não se vê, se analisa ou avalia somente com o pensamento, mas com a emoção, com a percepção, com o físico, ou seja, com todos os sentidos, com o ser total.

Este olhar mais direcionado sobre o idoso mostrou a pesquisa realizada, que a velhice pode ser um momento especial: com um cabedal de experiências vividas, uma consciência de seus erros e acertos, e uma equilibrada forma de ver a vida. Há a possibilidade de o idoso fazer análises mais acertadas a respeito do mundo, mas o conhecimento dos sentidos não tem idade.

REFERÊNCIAS BIBLIOGRÁFICAS

ALVES, Rubem. *Um Mundo num Grão de Areia. O ser humano e seu universo*. 6ª ed. Campinas: Verus, 2002.
_____. *Educação dos Sentidos e Mais...* Campinas: Verus, 2004.
BOSI, Ecléa. *Memória e Sociedade – lembrança de velhos*. 3ª ed. São Paulo: Companhia das Letras, 1994.
CASTORINA, José Antonio et al. *Piaget – Vygotsky*. São Paulo: Ática, 1995.
CÍCERO, Marco Túlio. *Saber Envelhecer*. Porto Alegre: L&PM Pocket, 1997.
DAMÁSIO, António. *O Mistério da Consciência: do corpo e das emoções ao conhecimento de si*. Tradução de Laura Teixeira Motta. São Paulo: Cia. das Letras, 2000.
FAZENDA, Ivani. [Org.]. *Dicionário em Construção*. 2ª ed., São Paulo: Ed. Cortez, 2002.
_____. *Interdisciplinaridade: qual o sentido?* São Paulo: Paulus, 2003.
_____. [Org.]. *Práticas Interdisciplinares na Escola*. 11ª ed., São Paulo: Cortez, 2008
_____. [Org.]. *O que é Interdisciplinaridade?* São Paulo: Cortez, 2008.
GARCÍA, Carlos Marcelo. *Formação de Professores – Para uma mudança educativa*. Porto, Portugal: Porto Editora, 1999.
JAPIASSU, Hilton. *O Sonho Transdisciplinar e as Razões da Filosofia*. Rio de Janeiro: Imago, 2006.
LAKS, Jerson. Comprometimento da memória associado à idade. *Revista Brasileira de Neurologia*. Rio de Janeiro: UFRJ, 1999; 35 (1/2); pp. 19-24.
LIEURY, Alain. *A Memória – Do cérebro à escola*. São Paulo: Ática, 1997, p. 65.

KACHAR, Vitória. *Terceira Idade & Informática – Aprender revelando potencialidades.* São Paulo: Cortez, 2003.

MASETTO, Marcos. *Aulas Vivas.* 2ª ed. São Paulo: MG Ed., 1996.

_____. [Org.]. *Docência na Universidade.* Campinas: Papirus, 2003.

PINEAU, Gaston. *Transdiciplinaridade, Histórias de Vidas, Alternância.* Université François-Rabelais, Tours, Document de Recherche nº 18, Articles et chapitres publiés em portugais, 2000-2006.

TAVARES, Dirce Encarnacion. *A Presença do Aluno Idoso no Currículo da Universidade Contemporânea – Uma leitura interdisciplinar.* São Paulo: PUC – Programa de Educação e Currículo, 2008, Tese de Doutorado.

THOMPSON, Paul. *A Voz do Passado – História oral.* Tradução de Lólio Lourenço de Oliveira. 2ª ed. Rio de Janeiro: Paz e Terra, 1998.

VARGAS, Heber Soares. *Psicogeriatria Geral.* V. 1. Rio de Janeiro: Ed. Guanabara/Koogan, 1994.

VYGOTSKY, Liev. S. *A Formação Social da Mente.* São Paulo: Martins Fontes, 1996.

_____ *et al. Linguagem, Desenvolvimento e Aprendizagem.* São Paulo: Ícone/USP, 1988.

Capítulo 4

ANÁLISE E DISCUSSÕES FINAIS

Na seleção do instrumental a ser utilizado nesta pesquisa, consideraram-se os princípios da interdisciplinaridade para fundamentar teoricamente as ações das pesquisadoras.

A interdisciplinaridade foi suporte para as vivências degustativas e para a coleta de opiniões que foram desenvolvidas sempre com equipes heterogêneas. Para as degustações foram utilizados alimentos que permitiram observar a relação entre o impacto do olhar as cores e os sabores, bem como as consequentes opiniões após as degustações. Por isso os alimentos escolhidos foram alguns dos considerados de maior aceitação para o paladar das várias idades.

O objetivo, então, das vivências foi observar os sentidos humanos (paladar, visão, olfato, audição e tato), mediante a percepção dos alimentos em três momentos distintos: antes da ingestão, durante a degustação, e após o consumo total do alimento. Nesse processo atentou-se para as sensações percebidas nas diferentes idades e classes sociais.

O grupo de pessoas escolhido para a vivência gastronômica foi bem eclético, tendo alunos e alunas de quatro a oitenta anos, de escolas pública e particular de ensino fundamental e médio e das Faculdades Abertas para a Terceira Idade, na cidade de São Paulo e Grande São Paulo.

4.1. DEGUSTAÇÃO DE CHOCOLATE E GELATINA

Os sujeitos envolvidos na degustação da gelatina e/ou do chocolate foram crianças, adolescentes, adultos e idosos. Buscou-se investigar os sentidos da química com sentido, a importância do sabor e do saber e a influência da educação dos sentidos nas várias fases da vida.

Os alimentos escolhidos para degustação nas vivências foram: gelatinas coloridas preparadas com sabores e cores invertidas, como, por exemplo: a gelatina verde continha sabor "aroma de morango", enquanto a gelatina vermelha tinha sabor "aroma de limão", preparada com suco de limão. Ainda foram degustados bombons de chocolate ao leite, crocantes, que continham macarrão tipo instantâneo e caramelo. A receita dessa degustação, inédita, foi criada pela pesquisadora Ana Maria Ruiz Tomazoni.

As orientações para a degustação dadas aos participantes, grupos de quatro a dez pessoas, em sua maioria, foi que observassem e utilizassem todos os cinco sentidos (audição, visão, tato, paladar, olfato) e a percepção. Durante as vivências, os participantes foram filmados, fotografados e observados pelas próprias pesquisadoras.

O objetivo das vivências foi aguçar os sentidos humanos (paladar, visão, olfato, audição e tato), mediante a percepção dos alimentos ingeridos e considerando as características organolépticas dos alimentos e as sensações percebidas nas diferentes idades.

Quando o alimento oferecido foi a gelatina, foram observados os sentidos, com ênfase no questionamento: qual era o sabor da gelatina antes de prová-la. Neste quesito, a visão, com preponderância, e os demais sentidos, em menor escala, interferiam no paladar. Qual era o sabor da gelatina após a experimentação, quais eram as considerações com relação à cor, ao odor e ao sabor, foram outros questionamentos investigados.

Quando o alimento oferecido foi o bombom, investigou-se, também, se havia diferenças de percepção nas várias idades e se reconhecia qual o alimento responsável pela crocância do produto adicionado ao chocolate.

Ninguém, em nenhum dos grupos pesquisados, sem olhar previamente o alimento, detectou qual era o produto que tornava o bombom crocante.

4.2. OBSERVAÇÕES E CONCLUSÕES APÓS AS DEGUSTAÇÕES

Na degustação da gelatina observamos que pessoas de todas as idades tiveram dificuldades para relacionar a cor com o gosto.

A gelatina ao ser degustada por crianças confirmou a expectativa inicial das pesquisadoras, pois ao olharem a cor vermelha diziam ser de morango e, após prová-la, tiveram suas opiniões na maioria dos casos influenciadas pela cor vermelha, dizendo ser a gelatina de framboesa, cereja, *tutti fruti* e *kiwi*.

Quando a gelatina foi degustada por adultos e idosos, as opiniões foram as seguintes: quanto à gelatina de cor verde, os sujeitos achavam a princípio (apenas após olhar o alimento) que era de limão. Quando provaram-na perceberam não ser de limão, porém, diziam ser de *kiwi* e erva-cidreira; sempre relacionaram as opiniões à cor verde do alimento. Na realidade, o alimento oferecido tinha sabor morango.

Quanto à degustação da gelatina vermelha, a princípio os sujeitos acharam que era de morango, porém, após prová-la mudaram suas opiniões para: beterraba, laranja e *tutti fruti*. A gelatina oferecida para o experimento era de limão. Podemos, então, perceber que a opinião exteriorizada estava relacionada à cor do alimento em questão, o que nos leva a concluir que a visão predomina sobre o paladar e demais sentidos. Ainda mais, essas observações confirmam as teorias consultadas e utilizadas como fundamento nesta pesquisa.

A gelatina de cor verde, que na realidade era de sabor morango, era na opinião dos degustadores: sabor limão, antes de prová-la. Porém, mesmo após a degustação, a maioria continuava com a mesma opinião: sabor limão; donde podemos concluir que tanto crianças, como adolescentes, adultos e idosos sofrem influência da cor do alimento para expressar suas opiniões.

O adulto e, principalmente, o idoso, mais consciente e maduro, quer saber o que tem de diferente no alimento ingerido e tentam descobrir. Questiona e sugere. Por ter uma experiência mais ampla de vida, os hábitos também são mais arraigados. Por exemplo: gelatina verde sempre vai ser de limão. O que mais poderiam ter colocado para mudar o sabor? Quando esta apresenta sabor diferente, a tentativa é saber o que mais poderiam ter colocado de diferente no alimento.

Uma das conclusões das pesquisadoras a partir da degustação das gelatinas: que dos cinco sentidos humanos, a visão prepondera sobre os demais, em especial, sobre o paladar.

Quanto à degustação dos bombons de chocolate, ninguém identificou o alimento que proporcionava crocância ao bombom. Todos os sujeitos que provaram o chocolate perceberam a presença de um alimento crocante, opinando ser esse alimento o amendoim, nozes ou castanhas e que na realidade era macarrão instantâneo.

Foi constatado nas experiências vivenciadas que as crianças aparentemente possuem uma característica mais livre para expressar seus desejos e sentimentos. Ela não está marcada pelas filtragens que vamos adquirindo no decorrer da vida, portanto, sua expressão é livre e desinibida. Se ela não gosta, não importa que seja chocolate, ela repele o alimento. Foi o que ocorreu quando uma criança o cuspiu, logo após a percepção de algo estranho, que lhe atribuía a crocância. Ação esta que dificilmente um jovem ou adulto praticaria, devido aos moldes das regras sociais. Isso nos revela uma liberdade que permite a eles distanciarem-se dessas regras.

O olhar o bombom despertou o querer; o degustar confirmou o que antes era expectativa – o alimento chocolate de percentual elevado de agrado às pessoas tem seu mérito confirmado pelos que o provaram. Exemplo disso temos nos dizeres dos adolescentes: "dá *água na boca*", "dá *vontade de provar só em ver e pegar o bombom*".

Outra observação acerca dos adolescentes é a influência que eles sofrem do grupo: *"o grupo aderiu à ideia, não tem problema".* Os olhos brilham, como as crianças exprimem seus desejos, muitas vezes, de forma inconsciente, não conseguem dizer o que é diferente no sabor, nem questionam muito, pois é chocolate. Ninguém do grupo comentou algo de negativo, então todos ingerem a ideia e o sabor sem problemas. Parecem ter medo de questionar a crocância do chocolate e do que é feita esta crocância isoladamente.

No final da aplicação da degustação, e revelado qual era o ingrediente adicionado, responsável pela crocância, os adolescentes foram questionados sobre a aceitação do alimento: se previamente soubessem estar provando bombom com macarrão; ao que eles responderam que não comeriam. Podemos, então, inferir que se as pessoas que degustaram o bombom soubessem previamente que continha macarrão instantâneo não o teriam provado.

Os sujeitos pesquisados utilizaram os cinco sentidos para perceberem o alimento, pois seguraram o bombom, olharam-no, cheiraram-no, ouviram sua crocância logo após degustá-lo.

Assim sendo, a degustação do chocolate nos permite concluir que nos alimentamos a partir dos cinco sentidos, ou seja, nos alimentamo a partir do tato (que leva o alimento à boca), com o olhar, o olfato, a audição (ouvir a crocância do alimento) e, por último, o sentido que achávamos ser o principal na alimentação – o paladar. Concluímos, por fim, a primazia do olhar no ato de alimentar-se.

Um dos itens que se destaca nesta pesquisa é que apesar da tentativa de separar grupos de idades diferentes, pudemos notar que cada um tem percepções, vivências, conhecimentos e culturas diferentes e fica difícil avaliar por fases de idades. Já na educação dos sentidos foi verificado que todas as idades são propícias para a sua educação.

A partir das vivências com gelatinas e chocolate, as pesquisadoras concluíram que os sentidos também são integrados, o que, com as ações intersubjetivas, os tornam interdisciplinares.

Capítulo 5

CONSIDERAÇÕES FINAIS

De acordo com as pesquisas, podemos afirmar que o sentido mais abrangente do ser humano é o olhar, porque o entende como um processo tão complexo que envolve cerca de quarenta por cento (40%) do cérebro; o maior percentual entre os cinco sentidos. Quando o discurso é o olhar não podemos deixar de observar as cores, que se apresentam sob a forma de luz ou pigmento e nesta última forma se aproxima da química em questão. A cor luz trata de uma sensação que os olhos captam a partir da incidência dos raios luminosos e se baseia na luz solar, não existindo materializada. Porém, para a interdisciplinaridade, o mundo das cores exprime:

Vermelho	Paixões violentas, sensualidade
Laranja	Sentimentos fortes como orgulho, ambição, coragem, alegria
Amarelo	Intelectualidade, busca do intelectual, otimismo
Verde	Cura, ensino, equilíbrio, estabilidade
Ciano	Compaixão, autorrespeito
Azul	Tranquilidade, calma, paz de espírito
Violeta	Discernimento, místico
Branco	Paz

Sendo assim, o mundo das cores não é só uma percepção visual, e não é só determinada pelas médias das frequências dos pacotes de onda que as moléculas que a constituem refletem. É muito mais. Elas são percebidas pelas pessoas na zona do visível e causam um impacto, dentre outros, no mundo dos *fast foods*, no mundo místico, no mundo moderno marcado pelos fortes sentimentos.

Vimos que o vermelho, o laranja e o amarelo estão ligados a paixões, a sentimentos e vontades, essas cores induzem ao ser humano a vontade de alimentar-se, pois as cores estão ligadas diretamente às questões ópticas e também às questões fisiológicas e neurológicas, o que, certamente, tem sido considerado no mundo da propaganda e do *marketing*.

A cor de uma embalagem interdisciplinar é oportunamente associada às necessidades das pessoas, podendo surgir a necessidade de se alimentar; suscitar vontades e desejos, mas principalmente transformações da alma. Tudo parece estar diretamente ligado às reações químicas que o cérebro processa. Assim, com a exposição das cores do espectro visível, concluímos a importância da interdisciplinaridade numa visão transcendental. É um saber que extrapola o simples conhecer.

O princípio do saber é entendido como um ato continuo de aquisição e revisão permanente de conhecimentos. Não há conhecimento estanque, mas em ebulição. Já o sabor é a própria evolução do homem em descobrir, nos alimentos, a arte em comê-lo com prazer. Há uma crescente preocupação em relacionar os vários sabores com a qualidade de vida.

Se a fome é a carência biológica de alimento que se manifesta em ciclos regulares, o apetite é um estado mental, uma sensação que parece ter muito mais de psicológico do que de fisiológico. O apetite pode também estar relacionado ao conhecimento, quando o homem se educa para tal. Portanto, o próprio apetite precisa ser ensinado para ser interdisciplinar. O homem vai tomando a consciência e se despertando para desenvolver esse tipo de apetite interdisciplinar na sua integralidade.

Hoje o mundo volta o olhar para o homem atual que envelhece e que se apropria com mais maturidade do sabor dos alimentos e percebe sua importância para a vida, ou seja, há um refinamento do paladar.

As experiências do homem, cada vez mais produtivas, mostram que a vida emocional pode adquirir uma característica inspiradora com a prática da criatividade, proporcionando à pessoa idosa a percepção da realidade interna, num rompimento com o tempo e com o espaço.

Por meio do mundo das cores, dos sons, da informação e de outros saberes, há uma ampliação da consciência humana, levando o ser a uma nova experiência de si próprio, num mundo que exige o ser interdisciplinar.

É necessário, também, aprender a conviver com as incertezas que a vida nos proporciona, já que vivemos em uma época de tantas mudanças. Temos que ter em mente que o impossível torna-se possível e que a *"vida é um jogo a ser vivido em sua plenitude"*, não importando a idade. O idoso é um aprendiz como o é também a criança, o adolescente e o adulto, mesmo com as inevitáveis transformações que não escolheu, mas que aconteceram e acontecem por força da natureza humana.

Sendo a interdisciplinaridade vista como atitude de ousadia e busca contínua do conhecimento, é necessário entender o tipo de conhecimento em questão. Isto envolve a cultura do lugar onde cada um se forma, que habita, como habita e porque habita. É essa formação que nos dá as dimensões do sentido, da existência, da intencionalidade e da funcionalidade e alerta-nos sobre cuidados ao relacionar esses saberes com os sabores peculiares a cada cultura.

A interdisciplinaridade refere-se ainda a questões como estética do ato de apreender, espaço do apreender, intuição no ato de apreender, tempo de apreender, bem como a importância simbólica ao apreender, que pela sensibilidade de todos os sentidos podemos adquirir. A interdisciplinaridade na educação pode então ser vista como uma vivência significativa, histórica e culturalmente contextualizada. As ações interdisciplinares visam a questões antagônicas como: à preservação da vida *versus* a transformação do ser e a manutenção do ser *versus* a sua mudança, independentemente da idade. É ai, também, que encontramos a simplicidade do saber e do sabor, a estabilidade e a promoção da qualidade de vida dos seres humanos, por meio dos alimentos que nutrem o corpo e a alma.

Anexos

ANEXO 1

Cronograma da Apresentação –
30/09/2009 – Tucarena – PUC-SP –
Uma Vivência Interdisciplinar na Educação dos Sentidos

Programa	Participante	Tempo
1. **Projeção:** nome do trabalho 2. **Início:** Conquistando a plateia: "Abraçá-la com o olhar"	Marco A. Chimento e Nair (todo grupo entra: olhar a plateia)	5 min
3. **Quem somos?** (Ma. Helena, Ana e Dirce). Fotos das 3. Apresentação Marco Antonio e Nair – Fotos dos 2. • Objetivos do trabalho • Dos sentidos da química à química dos sentidos	Maria Helena (*slide*) (todos se apresentam)	20 min

Programa	Participante	Tempo
4. **Árvore:** semente ao fruto (Il Divo)	Marco A. Chimento e Nair	5 min
5. **Fechar 1:** Interdisciplinaridade	(inserir *slide* vazio) Dirce Encarnacion (enquanto a árvore se desfaz) (ao som de Bach item 9)	2 min
6. **O mistério da Simplicidade:** Sabor e Saber	Ana Maria Tomazoni (*slide*) (filme: Ratatouille)	20 min
7. **Fechar 2:** Interdisciplinaridade (Bach: Faixa 4).	Dirce Encarnacion (ao som de Bach – item 9)	2 min
8. **Educação não tem idade**	Dirce Encarnacion (*slide*)	20 min
9. **Um alimento especial:** chocolate. Objetivo da vivência e derretimento do chocolate	Maria Helena (explicar) Ana Maria Tomazoni (explicar e derreter chocolate)	15 min
10. Entregar chocolate para toda a plateia	Dirce Encarnacion (ir explicando todos os sentidos)	10 min
11. Objetivo e Vivência da gelatina	(grupo indicado: entregar)	10 min
Passar nosso **filme:** pré-teste	Maria Helena Ana Maria Tomazoni (filme)	5 min

Programa	Participante	Tempo
12. **Fechar 3:** com a importância da percepção dos sentidos	Dirce Encarnacion (fechar e ligar com item 9 – Bach)	5 min
13. **Sabor da Vida:** dança (relação, flexibilidade e equilíbrio)	Marco A. Chimento e Nair	20 min
14. **Fechamento:** jogral: Inter-disciplina(r)-idade	Maria Helena/ Ana Maria Tomazoni/ Dirce Encarnacion	5 min
15. **Chamar a Ivani para entrega da cesta de chocolate:** Momento da fala	Ivani Fazenda (Música: Carmina Burana, de Carl Off)	5 min
16. **Fechamento:** Carmina Burana		
Total		2 h. e 35 min

ANEXO 2

Receitas das Vivências Gastronômicas

ꙮ Receita do Bombom Crocante

Ingredientes:
- ✓ 500g de chocolate meio amargo ou ao leite
- ✓ 2 pacotes de macarrão instantâneo (160g), quebrado em pedaços miúdos e frito
- ✓ 1 colher de sopa de manteiga
- ✓ 1 colher de sopa de raspas de laranja e 1 colher de café de canela em pó

Modo de Preparo:

Aqueça a manteiga e junte o macarrão em pedaços. Deixe fritar, mexendo sempre, até que fique bem dourado, junte então a canela e as raspas da laranja. Deixe esfriar e reserve.

Derreta o chocolate em banho-maria ou no micro-ondas por 3 a 4 minutos, potência média. Mexa até ficar cremoso. Em seguida, resfrie o chocolate, no mármore ou em refratário com água, até ficar bem frio (31°C). Misture o macarrão frito, dourado e frio, coloque em molde de bombom, e dê umas batidas no molde para modelar bem o chocolate. Leve para a geladeira por 3 a 5 minutos, ou quando a forma ficar transparente.

Rendimento: 50 bombons.
Grau de dificuldade: Médio.
Micro-ondas, sim; *freezer*, nunca.

◊ Receita de Gelatina Vermelha

Ingredientes:
- ✓ 1 envelope de gelatina incolor
- ✓ ½ xícara de açúcar ou a gosto
- ✓ Suco de 1 limão (¼ xícara)
- ✓ 1 xícara (chá) de água fria filtrada
- ✓ 1 ½ xícara de água filtrada
- ✓ 5 gotas de corante vermelho

Modo de preparo:
Coloque a gelatina incolor sobre a água fria, mexa bem e leve ao banho-maria para dissolver ou no micro-ondas por 20 segundos. Juntar o açúcar, o corante, o suco de limão e a água restante, coloque em taças em que será servida.

Rendimento: 10 porções de 50ml.
Grau de dificuldade: Fácil.

◊ Receita de Gelatina Verde

Ingredientes:
- ✓ 1 envelope de gelatina incolor
- ✓ ½ xícara de açúcar ou a gosto
- ✓ 8 a 10 gotas de essência de morango (ou a gosto)
- ✓ 1 xícara (chá) de água fria filtrada
- ✓ 1 ½ xícara de água filtrada
- ✓ 5 gotas de corante verde

Modo de preparo:
Coloque a gelatina incolor sobre a água fria, mexa bem e leve ao banho-maria para dissolver ou no micro-ondas por 20 segundos. Juntar o açúcar, o corante, a essência e a água restante; coloque em taças em que será servida.

Rendimento: 10 porções de 50ml.
Grau de dificuldade: Fácil.

◇ **Receita de Chocolate**

1º Passo: cortar tamanhos regulares (movimento de alavanca).

2º Passo: derreter a 45°C. **Um dos mistérios do bom chocolate é a textura firme e sólida à temperatura ambiente.**
45 graus: sensação de quente sobre a pele e chocolate + vapor e/ou agua = textura pastosa e opaca

Banho-maria: uma panela que encaixe perfeitamente com o refratário. Leve ao fogo com água o suficiente para tocar o fundo do refratário e aqueça bem, sem ferver. DESLIGUE o fogo, encaixe o refratário e mexa até o derretimento completo do chocolate.

3º Passo: resfriar (temperar) significa movimentar o chocolate derretido durante um tempo para uma temperatura específica.

Colocar o chocolate em banho-maria ou na pedra espalhando até atingir a temperatura certa para colocar no molde.

Moldar significa dar ao chocolate uma nova forma sem que perca sua textura delicada. Ele deve sair do molde firme solido e brilhante, e ao mesmo tempo macio. E o sucesso do bombom depende dessa fase de resfriamento correto. A massa de chocolate deve atingir a temperatura correta (frio) sem perder a fluidez.

Ao colocar o chocolate frio no molde, remova o excesso com uma espátula. Para eliminar bolhas de ar e acomodar o chocolate, dê umas batidinhas no molde. Leve à geladeira por cerca de 20 minutos ou até que se solte facilmente (a forma ficará mais clara no fundo).

Dica: Nunca leve o molde no *freezer*, nem o exponha à temperatura inferior a 10°C. O frio interfere na textura e deixa o chocolate sem brilho.

O molde deve estar limpo e seco.

A textura do bombom deve ser macia e firme, nunca arenosa ou pastosa. O calor forte durante o derretimento provoca arenosidade.

O vapor de água e umidade durante o derretimento o tornam pastoso.

A temperatura certa durante a temperagem ou resfriamento é fundamental para que o chocolate não fique mole ou derreta à temperatura ambiente.

Para bombons crocantes devemos juntar outros ingredientes ao chocolate já resfriado e frio, mexemos bem e colocamos no molde, levando-o a geladeira, jamais *freezer*.

ANEXO 3

Convite para assistir, ao vivo, aos resultados das vivências interdisciplinares

AS AUTORAS

ANA MARIA RUIZ TOMAZONI

Pesquisadora do GEPI – Grupo de Estudos e Pesquisa em Interdisciplinaridade da PUC-SP. Mestre em gerontologia pela PUC-SP, pós-graduada em hotelaria e eventos pelo Senac, pedagoga pela PUC-SP, técnica em nutrição, especialista em Gastronomia com vários cursos no exterior como *Le Cordon Blue* de Paris-França, *Blue Efefant* em Bangkok-Tailândia, entre outros realizados na Itália, Canadá, Indonésia, Mexico, etc. Proprietária da Escola de Culinária há mais de 28 anos, a Tomazoni Gastronomia "Sabor & Saber" em São Bernardo do Campo, é referência no Grande ABC, possuindo uma programação intensa e variada de cursos de cozinha nacional e internacional, além do curso de Capacitação e Especialização em gastronomia de nível técnico, com participação de grandes *chefs*. Proprietária de restaurante por 12 anos e consultora em gastronomia para os segmentos de alimentação como restaurantes, bares e similares e para jornais, revistas e TV. Escreve para diversos *blogs*, além do seu próprio *blog* Sabor & Saber. Apresenta vídeo, com receitas semanais no *site* do Jornal Diário do Grande ABC (www.dgabc.com.br), programa diário na ECOTV. Criou o Dia da Culinarista, com Lei Municipal e Estadual em São Paulo, Fundadora e Presidente por duas gestões da Associação Brasileira dos Profissionais de Culinária (ABPC). É professora de gastronomia, nutrição e etiqueta à mesa nas Universidades: PUC-SP, UniSant'Anna e Faculdade Aberta para Terceira Idade em São Bernardo do Campo. Há dois anos junto ao *Slow Food*, hoje é colíder do Convivium São Paulo, atua em palestras e oficinas do gosto em várias entidades e com público de 04 a 90 anos.

Informações: www.anatomazoni.com.br
E-mail: anamariatomazoni@uol.com.br
Fone: (55 11) 4121-5315

DIRCE ENCARNACION TAVARES

Pesquisadora do GEPI – Grupo de Estudos e Pesquisa em Interdisciplinaridade da PUC-SP, cursa pós-doutorado em Educação, na área de Currículo, na Pontifícia Universidade Católica de São Paulo, tendo na mesma universidade cursado o doutorado, em 2008, onde defendeu a tese: "A presença do aluno idoso no currículo contemporâneo – Uma leitura interdisciplinar". O mestrado também defendido em Educação, na PUC-SP, em 1991, teve por objeto de investigação a dissertação: "Da não identidade da Didática à identidade pessoal". A autora possui *lato sensu* em Psicopedagogia, pelas Faculdades Severino Pena, Vassouras – RJ, em 1997 e Especialização em Gerontologia Social pela Faculdade de Medicina da USP, obtida em 1999. Atualmente é diretora do CEFOR – Centro de Formação Profissional da Cruz Vermelha de São Paulo (2007/2010), Coordenadora do Curso de Pedagogia da Faculdade Paschoal Dantas (2010), Professora de cursos de pós-graduação da UNIÍTALO e professora do Curso de Terceira Idade, na UNISANTANA.

E-mail: dirce@br2001.com.br

MARIA HELENA ESTEVES DA CONCEIÇÃO

A autora é mestre em Educação: Currículo, pela Pontifícia Universidade Católica de São Paulo, tendo pesquisado e defendido a Dissertação: "Dos sentidos da Química à Química com Sentidos – uma disciplina sob a perspectiva interdisciplinar de ensino", em 2010. Cursou *lato sensu* em psicopedagogia pela UniABC – Universidade do Grande ABC em 2002, especialização em Gestão e Organização Escolar pela Universidade Cidade de São Paulo, UNICID, em 2004. É graduada e bacharel em Química e graduada em Pedagogia. Pesquisadora do GEPI – Grupo de Estudos e Pesquisa em Interdisciplinaridade da PUC-SP, tendo participado de inúmeros seminários e congressos nacionais e internacionais. Atuou como vice-diretora por vários anos na rede pública e particular de ensino e atualmente é professora de química da rede pública estadual há 28 anos e coordenadora pedagógica e educacional da rede particular de ensino, o que lhe confere ampla vivência de sala de aula e grande prática escolar.

E-mail: marile11@uol.com.br

Conheça Também

Outras obras da *Coleção Conhecimento e Vida*:

- A Arte de Contar Histórias: abordagens poética, literária e performática
- A Caixa de Pandora por uma Educação Ativa
- A Educação no Brasil e o Princípio da Dignidade da Pessoa Humana
- A Educação Profissional: contraponto entre as políticas educacionais e o contexto do mundo produtivo
- A Formação dos Profissionais da Educação: processo de transformação das matrizes pedagógicas
- A Sala de Aula e e seus Símbolos
- Aspectos da História da África, da Diáspora Africana e da Escravidão sob a Perspectiva do Poder Eurocêntrico
- Campanhas Ecológicas para um Mundo Melhor
- Cidadania da Mulher Professora
- Cultura Afro-brasileira na Escola: o congado em sala de aula
- Dependências: o homem à procura de si mesmo
- Do Mito do Herói ao Herói do Mito
- Docência: um momento reflexivo
- Educação e Sexualidade: um diálogo com educadores
- Educação nos Tempos da Cólera
- Folclore: entre a prática e a teoria, entre o fazer e o poder
- Formação de Professores e Representações sobre o Brincar
- Gênero e Educação: lutas do passado, conquistas do presente e perspectivas futuras
- Gênero, Educação e Política: múltiplos olhares
- Gênero, Educação, Trabalho e Mídia
- Gestão do Conhecimento, Educação e Sociedade do Conhecimento
- Leituras Especiais sobre Ciência e Educação
- O Berço da Aprendizagem
- Olhares Plurais Sobre o Meio Ambiente: uma visão interdisciplinar
- Ser Adolescente na Era da Informação

Títulos disponíveis em: www.iconeeditora.com.br | (11) 3392-7771